Ursula Riederer

Berthas Traum

Ursula Riederer

Berthas Traum

Von Bad Ragaz nach Rom. Eine Glückssuche

Erzählung

Desertina

Die Autorin dankt der Kulturförderung des Kantons Graubünden für den finanziellen Beitrag.

© 2013 Verlag Desertina

Titelbild: Bertha Looser (1889–1966), Atelieraufnahme um 1910
Gesamtherstellung: Casanova Druck und Verlag AG, Chur
Bindearbeiten: Buchbinderei Burkhardt AG, Mönchaltorf

ISBN 978-3-85637-443-3

Inhalt

Fädeln und scheren	9
Abservieren und anprobieren	23
Klosterleute und warme Tücher	30
Pendeln zwischen Welten	36
London: Lesen mit Lisette	41
Die Liebe kommt aus Rom	53
Hochzeit und trautes Heim	61
Erste Risse im Glück	74
Drohungen: Mussolinis Schwarzhemden	85
Elfen, Monster und Morraspieler	91
Bleierne Jahre, traurige Zeit	102
Tarnname für Dickschädel Giovanni	109
Briefe und Päckchen unter weiten Röcken	118
Pilonico Paterna: Kirchweih und Liebestaumel	125
Addio Roma: Schwesterliche Fürsorge	138
Das Landhaus auf dem Hügel	149
Lebensabend im Untergeschoss	158
Epilog	168

Quellen und Bildnachweis

Dank

«Für uns alle existiert eine Zwielichtzone zwischen der Geschichte und der Erinnerung; zwischen der Vergangenheit als einem grob skizzierten Bericht, der einer relativ nüchternen Überprüfung zugänglich ist und der Vergangenheit als eines erinnerten Bestandteils oder Hintergrunds des eigenen Lebens. Für einzelne menschliche Individuen erstreckt sich diese Zone von dem Punkt, mit dem die lebendigen Familientraditionen oder -erinnerungen beginnen – sagen wir mit dem frühesten Familienfoto, das vom ältesten noch lebenden Familienmitglied identifiziert oder erläutert werden kann.»

Eric J. Hobsbawn: Das imperiale Zeitalter; 1878–1914, Frankfurt am Main 1989

Fädeln und scheren

«Es gibt viel Schnee. Marie, die Arme, hat wieder einmal Fieber und muss im Bett bleiben. Auch Mutter ist erkältet. Und Vater hat sich beim Holzspalten die Hand verletzt. Zum Glück sind die anderen wohlauf.» Der Eintrag datiert von Weihnachten, 1903, Bad Ragaz.

Als hätte sie nicht recht gewusst, was sie mit den leeren Seiten anfangen soll, schrieb Bertha nur wenige Sätze ins Tagebuch. Oft nur ein Stichwort, als scheute sie sich, die jungfräuliche Fläche des feinen sandfarbigen Papiers zu verletzen. Sie fürchtete, Unnützes festzuhalten und zögerte, ob etwas wert sei, aufgeschrieben zu werden, bevor sie Tinte und Feder hervorholte. Oft vergingen zwischen den einzelnen Aufzeichnungen Wochen und Monate.

Eine Dame hatte ihr das Buch geschenkt. Lächelnd, aber in bestimmtem Ton gebot sie Bertha, die durch den Korridor zur einzigen Toilette auf der Etage eilte, Putzkübel und Schrubber hinzustellen. Ob sie von hier aus dem Dorf sei, was der Vater mache und ob sie Geschwister habe, wollte die Dame wissen. Sie solle einen Moment warten. Dann verschwand sie in ihrem Zimmer, kam zurück und überreichte Bertha das in feines Seidenpapier eingewickelte Buch mit den mahnenden Worten, sie solle es gut aufbewahren und auf die leeren Seiten alle ihre geheimen Wünsche, Sorgen und Nöte schreiben. Als Bertha verlegen nach Dankesworten suchte, sagte sie: «Ist schon gut», und eilte zur Treppe. Verwundert schaute Bertha dem schwarz glänzenden Taftkleid hinterher, das die schlanke Taille betonte. Ein Bild, das ihr später oft erschien, wenn sie den ledernen Einband streichelte und die goldgeränderten Seiten aufschlug. Die Dame sah sie nicht wieder. Offenbar reiste sie noch gleichentags ab.

Noch am gleichen Abend redete sich Bertha Mut zu und schrieb, was ihr häufig vor dem Einschlafen durch den Kopf ging: «Ich möchte nicht wie Mutter Tag für Tag bis tief in die Nacht hinein an der Stickmaschine sitzen und Muster auf Bett-, Tisch- und Küchentücher sticken. Lieber möchte ich Gouvernante hier im Hotel werden, später einen Mann heiraten, der eine gute Stelle hat und nicht wie Vater Taglöhner ist, so dass wir keine Sorgen haben und viele Kinder. Ich will einmal reich sein. Und dann nehme ich Vater und Mutter alle Schulden ab und kaufe unser Haus und die Maschinen dazu.»

Am Sonntag waren Bertha und ihre jüngere Schwester Marie dem Aufruf des Dorfpfarrers, am «Kinderzüglein» teilzunehmen, gefolgt, obschon Maries Nasenflügel vor lauter Schnäuzen rot und rissig waren und eine steife Brise durchs Tal fegte. Frierend, mit blauen Lippen und stumm staunend standen sie und die anderen *Stickergofen* schon vor der Zeit beim Bahnhof und schauten den Kutschern zu, wie diese ihre Kaleschen und Karossen polierten, das glänzende Fell der ungeduldig scharrenden Pferde striegelten und hinter ihnen die «Bollen» einsammelten. Wagte sich eines zu nah heran, wurde es vom Kutscher wie die Fliegen von den feuchten Nüstern der prächtigen Tiere mit saftigen Flüchen und träfen Verwünschungen vertrieben.

Das «Kinderzüglein» war der Stolz des Dorfgeistlichen. Er hatte es als Attraktion zum Empfang illustrer Gäste ins Leben gerufen. Aber nicht alle waren von diesem Aufzug begeistert. Einige Hoteliers und Geschäftsleute monierten, es stünde dem Kurort schlecht an, wenn der Gast, kaum sei er aus dem Zug gestiegen, den derben Dörflern begegne.

Jeweils am Ende der Sonntagspredigt rief der Pfarrer die Jugend von der Kanzel herab auf, sich nach dem Mittagstisch beim Bahnhof zu besammeln. Aber nicht alle Eltern mochten deswegen die Hilfskraft ihrer Kinder entbehren und behielten sie zuhause. Auch Berthas Vater schimpfte, man müsse diese Reichen nicht auch noch mit der Zeit armer Leute Kinder bedienen. Doch liess er nach beschwichtigendem Einwand der Mutter seine beiden Töchter diesmal gehen.

Sobald die Soutane erschien, die im Rhythmus des pfarrherrlichen Schrittes auf und abwippte, formierte sich die kleine Schar, je zwei und zwei in einer Reihe, zum einstudierten Züglein. Ausgerüstet mit einem Strauss Strohblumen, trotteten die Kinder hinter dem schwarzen Rock her zu den Geleisen. Zwischen zwei Gusseisensäulen, die das Perrondach stützten, warteten sie gebannt, bis der Zug rauchend und fauchend einfuhr und sich die Türen öffneten. Dann folgten zwei Dutzend Kinderaugen den umständlich aussteigenden Damen mit ihren von Samt und Seide umwölkten, eng geschnürten Hüften, den hohen, aufgesteckten Frisuren und Hüten, die über den gepuderten Gesichtern und vor Schmuck glitzernden Hälsen aussahen wie Vogelkäfige. Ihnen reichten Herren mit goldgeränderten Lorgnons auf ihren Nasen, matt glänzenden schwarzen Zylindern, blütenweissen steifen

Hemdenbrüsten und Stöcken mit silbernen Griffen galant den Arm. Manche Dame trug auf ihrer Schulter Pelz, an dem noch die Krallen und kleinen Köpfe samt spitzen Zähnchen hingen. «Das sind tote Marder», flüsterte Bertha ihrer jüngeren Schwester zu. Und während die beiden den Duft der Parfums in sich hineinsogen, der den rauschenden Rüschen und Dekolletés der Damen entströmte, streckte ihnen ein gross gewachsener Herr mit einem wuchtig gezwirbelten Schnauzbart seine lederbekleidete Hand mit ein paar Bonbons entgegen.

Auf das Kommando des Pfarrers, den die Kinder im Halbkreis wie die Blumenrabatte die Heldenstatue umrahmten, fingen sie zu singen an: »Sie bringen uns mit dem Zuge das Morgenrot einer neuen Zeit. Was können wir Ihnen, die Sie aus der reichen und schönen Stadt St. Gallen kommen, bieten?», ertönte es aus vollen Kehlen, «wir sind nur ein armes Bergvolk, das irdische Schätze weder hat noch kennt. Darum bringen wir Ihnen ein Sträusslein Blumen.» Dabei erstickte der Lärm der Lokomotive immer wieder die Kinderstimmen. Bertha und Marie vergingen fast vor Ehrfurcht und bekamen Hühnerhaut. So präsentierte sich das Dorf den noblen Gästen als idyllische Kulisse und seine Bewohner als Statisten einer urtümlich bäuerlich-bodenständigen Kultur. Hätte der Dorfpfarrer die Mädchen nicht am Ärmel gezupft und gesagt: «Geht jetzt geschwind nach Hause. Ihr habt es gut gemacht», sie wären noch lange stocksteif dagestanden, ihre Finger um die dürren Blumenstiele krallend.

Vor dem Schlafengehen schrieb Bertha in ihr schwarzes Buch: «Sie sind so schön. Ich möchte auch so schöne Kleider haben und mit der Kutsche fahren. Die Spitzen auf den Röcken der Damen sehen genau so aus wie unsere, die wir sticken und ausscherlen. Nur sind sie noch viel feiner. Überhaupt ist alles schön.»

Berthas Eltern waren schon in der Fabrik ein Paar und auf Gedeih und Verderb miteinander verbunden. Gottfried Looser stickte am Panthographen, daneben fädelte Edwina an einem Tischchen die Nadeln ein und ersetzte abgebrochene oder lockere Nädlinge. Das Tempo gab die Maschine vor. Konnte Edwina nicht mithalten, blieb Gottfried nichts anderes übrig, als zu warten und später Abstriche beim Lohn in Kauf zu nehmen. Eine Fädlerin war dem Sticker als Hilfskraft unterstellt, sein Verdienst hing jedoch von ihrer Fertigkeit ab. Er wurde im Akkord, sie im Zeitlohn bezahlt. Führte er den Pantographen mit ruhiger Hand, so dass der Stickboden nicht in Schwingung geriet, bildete das Stickmuster regelmässige Formen und erzielte den grösseren Preis. Schnitt die Fädlerin die Fäden zu wenig sorgfältig ab oder besudelte das Garn mit Blutstropfen, weil sie sich gestochen hatte, wies der Nachseher die Stickerei zurück. Fehler musste sie von Hand oder an einer dafür ausgerüsteten Nähmaschine nachsticken. Eine Fädlerin hing dem Sticker an wie dessen eigener Schatten und war Teil seines Räderwerks.

Obwohl Fabriksticker in den Spinnereien und Webereien wie die Arbeiter Lohn bezogen, schauten sie stolz bis verächtlich auf die «Fabrikler» hinunter. Als spezialisierte Fachkräfte genossen sie einen höheren sozialen Status. Noch höher trugen Heimsticker ihr Haupt. Sie hatten es geschafft, unterm eigenen Dach an eigenen Maschinen zu sticken. Dabei verschuldeten sie sich bis zum letzten Ziegel. Und nicht nur ihre Frauen schufteten vom Morgengrauen bis in tiefe Nacht. Auch die Kinder waren ein Rädchen im Betrieb. Aber nicht selten blieb am Ende ausser einem Schuldenloch nichts übrig. Dazu waren Heimsticker weniger frei, als sie sich einredeten. So konnten sie die fertige Ware nicht auf dem Markt frei verkaufen, sondern lieferten diese der Stickereifabrik ab, die den Preis bestimmte. Dazwischen rahmte ein Vermittler, der sogenannte Fergger, seinen Teil ab. Vom Stickereiunternehmen bezogen sie auch das Rohmaterial, Stoff, Fäden sowie die Mustervorlagen.

Heimarbeit war ganz im Sinne der Stickereibarone. Denn in den Pariser Modesalons wucherten die Rüschen und Ranken nicht mehr allzu üppig; Stickereien waren etwas aus der Mode geraten, die mit Spitzen gesäumten Kleider schlichteren Modellen gewichen. Wo die Sticker selbstverantwortlich im eigenene Heim arbeiteten, sparten die Fabrikherren eigene Investitionen und heimsten, anstatt das Risiko von Verlusten zu tragen, erst noch Schuldzinsen ein. Auch kehrte mit der Heimarbeit die Kinderarbeit, die seit einigen Jahren für Kinder unter vierzehn Jahren verboten war und zur Verbilligung der Produktion beigetragen hatte, durch die Hintertür zurück. Darum bürgten die Stickereifabrikanten den Maschinenfabrikanten freigiebig für den Kauf von Handstickmaschinen und gaben Kredite aus für Haus und Land, wo es an Erspartem mangelte, was meist der Fall war.

Zufrieden mit dem Gang der Dinge zeigten sich auch die Pfarrer, denen Fabrikarbeit ohnehin ein Dorn im Auge war. Sie geisselten die Fabrik als einen Hort der Sittenlosigkeit und priesen die Vorteile der Heimarbeit; die Familie werde nicht mehr auseinandergerissen, lebe beisammen und könne sich im Hausgarten selbst versorgen. Wer zuhause sein Brot verdiene, bleibe der Scholle verbunden und diszipliniere sich selbst zur Arbeit. Allerdings müsse die Bevölkerung zur Heimarbeit erst noch erzogen und industriekonform gemacht werden. So redeten sie von der Kanzel herab.

Als die Heimstickereien rundum wie die Pfifferlinge nach einem warmen Sommerregen aus dem Moos trieben, träumte auch Gottfried Looser, sein eigener Meister zu sein. Vom selbst geschmiedeten Glück. Vom kleinen Haus mit dem Brunnen davor, das leer stand, seit die Witwe zur Pflege in die Anstalt nach Pfäfers gebracht worden war. Weil aber sein Erspartes gerade für ein Leintuch grosses Stück Boden gereicht haben würde, bat er seinen Patron um das nötige Kapital für Haus und Land sowie eine Bürgschaft für die Maschine.

Er gehöre zu seinen geschicktesten Stickern, lobte der Fabrikherr und klopfte Gottfried gönnerhaft auf die Schulter. «Nimm dir deine brave Fädlerin zur Frau. So sparst du ihren Lohn ein. Und bekommst erst noch eine Haushälterin, die sich später um die Kinder kümmert. Dann wird wohl nichts schiefgehen.»

Also kaufte Gottfried Looser mit dem Geld und Segen des Fabrikpatrons das kleine Haus am nördlichen Dorfausgang von Ragaz und heiratete seine Fädlerin Edwina. Die gerundeten Schindeln bis unters Dach sahen aus wie ein Schuppenpanzer. Im Erdgeschoss neben der Küche richteten sie das Sticklokal ein. Der seitlich ans Wohnhaus angebaute Stall bot Platz für eine Kuh. Ferner dienten ein paar Hühner, der Hausgarten und einige Obstbäume der Selbstversorgung.

Am Anfang florierte der Betrieb flott. Gottfried und Edwina arbeiteten von frühmorgens bis spät in die Nacht. Als Fein- und Spezialitätensticker verdienten sie fünf Franken am Tag. Nachdem sie monatlich den Schuldzins und die Raten abbezahlt hatten, blieb noch etwas übrig.

Doch das Glück währte kurz. Kaum hatten Gottfried und Edwina die ersten Schuldenraten abbezahlt, kriselte die Wirtschaft. Die Heimsticker blieben auf Waren sitzen; die Preise für Handmaschinenstickerei fielen in den Keller. Insgeheim schämten sie sich zwar, taten aber so, als wäre ihr Geschäft nach wie vor eine Goldgrube.

1889 gebar Edwina das erste Kind. Bertha. Bald folgten Edwine, Marie und Luise. «Mach dir keine Sorgen», sagte Edwina jeweils zu ihrem Mann, wenn sich ihr Bauch schon wieder wölbte, während ihr voriges noch an der Brust saugte. «Kinder helfen nicht nur mit, Teller zu leeren. Sie können auch im Haus, Stall und in der Stickstube mit anpacken, sobald sie grösser sind.» Edwina Looser war praktisch ununterbrochen schwanger. Von Früh- und Fehlgeburten abgesehen, blieben vier Mädchen sowie Wilhelm, Gustav und Emil am Leben.

Als der Verdienst gerade noch für die Schuldzinsen reichte, die auf dem Haus und der Stickmaschine lasteten, entschloss sich Gottfried Looser, eine Stelle zu suchen. Doch ein Zurück an die Stickmaschine in der Fabrik gab es nicht. Überall wurden Sticker entlassen. In den Spinnereien und Webereien verloren massenhaft Frauen und Männer ihre Stelle. Fabriken schlossen ihre Tore. Endlich fand Gottfried Arbeit als Taglöhner in der Parkettfabrik im Nachbardorf. Edwina Looser führte also das magere Unternehmen mit Hilfe ihrer Kinder allein.

Wie andere Stickerkinder hatte Bertha lange vor ihrem ersten Schultag fädeln gelernt. Um halb sechs – im Sommer sogar um fünf Uhr – rüttelte die Mutter sie wach. Drang der Tag zeitig durchs Fenster, fiel Bertha das Aufstehen leicht. Doch im Winter, wenn in der Schlafkammer Dunkelheit herrschte, die Kälte durch alle Ritzen zog und Eisblumen die Scheiben verklebten, zog sie die Knie bis zum Kinn, zerrte, bevor sie das warme Nest verliess, ihre Leibwäsche so gut es ging unter die Decke und schlüpfte im Schutz der Bettwärme umständlich in Leibchen, Unterhosen, Strumpfhalter und Strümpfe, immer bedacht, ihre kleinen Geschwister, die friedlich neben ihr schliefen, nicht aufzuwecken.

In der Küche beugte sich der Vater über das Schüsselchen lauwarmer Milch und fischte die aufgeweichten Brotbrocken heraus. Bertha fürchtete ihn mehr als sie ihn liebte. Er konnte nicht lachen. Sein Gesicht sah immer gleich aus, ob er wütend war, oder wenn seine Augen nach innen blickten. Die volle Massigkeit seiner Gestalt drückte auf die wacklige Holzbank. Er war gross und eher grobkantig, aber nicht dick. Sein schwerfälliger Gang erweckte den Eindruck, dass ihm die

Berthas Elternhaus mit Vater Gottfried und Mutter Edwina Looser-Locher und Kinder, um 1908.

eigenen Beine im Weg stünden. Wer nicht wusste, dass er einst ein gefragter Sticker war, seine Hände feinste Spitzen fertigten, mochte ihm das nicht zutrauen. Berthas Kommen schien er nicht wahrzunehmen. Er roch nach Stall. Die Kuh, die den kleinen Stall fast ausfüllte, hatte er gemolken und gefüttert. Misten musste später eines der Kinder.

Bertha setzte sich ihm stumm gegenüber, tunkte wie er hartes Brot in die Milch und hielt sich an den letzten Traumfetzen fest. Nein. Das junge Kätzchen lebte noch. Hätte sie es nur nicht so heftig geschubst, als es ihr kürzlich mit seinen spitzigen Krallen blutige Striemen kratzte. Träumend hatte sie es tot unter dem Apfelbaum liegen sehen. Schnurrend schmiegte es sich jetzt an Berthas Bein. Die Mutter hatte es als einziges am Leben gelassen. Die überzähligen wurden, sobald sie aus dem Katzenmutterbauch geschlüpft waren, sofort erdrückt oder ertränkt. Mehr als vier Katzen im Haus duldete der Vater nicht. Während Bertha weiterass und ihre Traumbilder langsam verblassten, verliess der Vater das Haus. Die Kaninchen fütterte er abends nach Fabrikschluss.

Gemächlich trank Bertha noch eine Tasse Milch, bevor sie sich durchrang, aufs eiskalte Klo zu gehen. Zum Glück stank es jetzt im Winter nicht so bestialisch aus dem dunklen Loch im hölzernen Brett wie in der wärmeren Jahreszeit, wenn die Fliegen nur darauf warteten, bis sie sich auf ein Stück warmes Fleisch setzen konnten. Kaum war sie fertig, schob sie den schweren Deckel übers Loch.

In der Stickstube unten wartete die Mutter, das Garn und den Stoff rüstend, auf Bertha, die sich, halb schlafend und noch immer träumend, an den Fädlertisch setzte und mit ihren Fingerchen einen Nädling nach dem anderen ins schmale Nadelöhr einführte. Es roch nach Maschinenfett und das bisschen Glut im Ofen gab etwas Wärme ab. Jedes Öhr war links und rechts mit einer heimtückischen Spitze bewehrt. Unzählige Male hatte sie sich daran gestochen und das Garn zu Mutters Schrecken mit Blutstropfen besudelt. Immer wenn ihr Kopf zwischen die Schultern zu sinken drohte, rief die Mutter: «Nicht schlafen, Bertha. Das kannst du später. Wir sind schon wieder im Hintertreffen. Mach weiter!»

Wieder nahm Bertha den Nädling, spitzte das Fadenende zu, indem sie es zwischen Daumen und Zeigefinger rieb, und führte es ins Nadelöhr. Der Nädling hing nun fest. Dann nahm sie den nächsten und steckte ihn ebenso ins Öhr. Und wieder den nächsten. Und so immer weiter. Vier- bis zehnmal am Tag mussten dreihundertzwölf Fäden in dreihundertzwölf Nadelöhre eingeführt werden, bevor man die Nadeln in die Zangen, die man Schnörrli nannte, einsetzte und je eine auf den oberen und den unteren Lineal steckte. Wie häufig gefädelt werden musste, hing vom Stickmuster und der Reissfestigkeit des Garns ab. Bei den groben Mustern, das waren die Garnfresser, musste schon nach hundert Stichen neu gefädelt werden. Die Zeit des Fädelns nutzte die Mutter für häusliche Pflichten und um dem jüngsten Schreihals die Brust zu reichen. Bis es Zeit war und Bertha um halb acht zur Schule ging, fädelte sie und half den Stickboden in die Maschine spannen.

Während sich die Mutter übers Musterbrett beugte, vergnügten sich die kleineren Geschwister mit Stofffetzen und Fadenresten, die sich am Boden mit Staub zu Bällchen verknoteten. Nichts lenkte sie ab. Kein Flohbiss. Kein Kindergeschrei brachte sie aus dem Tritt. Das Jüngste lag ihr zu Füssen, spielte mit den Fingerchen, fasste, wenn es nicht schreite oder eingeschlafen war ob dem gleichmässigen Surren der Maschine, ihren Rock, der den hochbeinigen Hocker fast zudeckte. Ruhig, mit der linken Hand führte Edwina Looser den Stift des Pantographen über die Vorlage. Der Pantograph übertrug und vergrösserte die vorgezeichneten Stickmuster auf dem Stickboden sechsmal. Mit der rechten drehte sie die Kurbel, so dass der hintere Wagen zum straff gespannten Stoff fuhr. Dann löste sie mit dem Fuss den vorderen Wagen, damit sich die Kluppen öffneten und die Nadeln mit den Fäden packten. Staunend verfolgten ihre Kinder, wie sie Ranken und Girlanden auf die weisse Stoffwand zauberte. Sobald ein Kind gehen konnte, band es die Mutter am Fuss der Maschine fest. So wurden Bertha und ihre sechs jüngeren Geschwister im strengen Geruch des Maschinenfetts entwöhnt. Was in den Kellern und hinter den Fassaden der Heimstickerhäuser passierte, fiel nicht unter das Fabrikgesetz.

Am Vormittag nach der letzten Schulstunde verlor Bertha keine Zeit und eilte nach Hause, wo die Mutter schon wieder auf sie wartete. Und wieder fädelte und fädelte sie, bis das Essen bereitstand. Punkt zwölf versammelte sich die Familie dann am Mittagstisch. Der Vater am Kopfende stimmte das Tischgebet an. Dann löffelten alle die am Vorabend gekochte Suppe. Sobald die Teller leer waren, machte sich der Vater wieder auf den Weg in die Parkettfabrik. Die Mutter hängte die Wäsche an die Leine, die sie zwischen dem Stall und dem Apfelbaum gespannt hatte. Und Bertha ging erneut in die Stickstube und fädelte, bis es wieder Zeit war, zur Schule zu gehen.

Nachmittags nach Schulschluss machte sie sich erneut sofort auf den Heimweg. Kein Fädlerkind bummelte auf dem Nachhauseweg. Wieder fädelte Bertha, bis es dunkel wurde, bis ihr Magen knurrte und in der Küche das warme Mus dampfte. Stumm füllten sich alle den Mund. Nur das Schmatzen und Klappern der Blechlöffel in verbeulten Blechtellern war zu hören. Zu trinken gab es ein heisses, braunes Gebräu aus viel Zichorie und wenig Kaffee, das der Vater, wenn er nicht Bier oder Most trank, mit einem tüchtigen Schuss Schnaps versetzte. Ausser ihm wagte niemand, den Rhythmus der Tischgeräusche zu stören. Doch niemand verstand, was er in seinen Bart brummte, in dem gewöhnlich einzelne Sägespäne, ein paar Strohhalme und Heufäden klebten. Nur sonntags, wenn er zur Kirche ging, säuberte er ihn.

Nach dem Abendessen machte Bertha, bevor sie nochmals fädelte, ihre Hausaufgaben. Das hatte ihr der Vater erlaubt, nachdem ihn die Lehrerin eindringlich gebeten hatte, man sollte Bertha dafür Zeit lassen. Das Mädchen kämpfe in der Schule häufig gegen den Schlaf. Das sei schade. Sie sei eine sehr gute Schülerin. Seither durfte sie, bevor sie wieder in die Stickstube ging, für die Schule lernen. Bis die letzte Nadel gefädelt war und sie todmüde auf ihren Laubsack fiel, ging es oft gegen Mitternacht. So reihte sich ein Tag an den anderen.

Stickergofen lernten, kaum konnten sie aufrecht stehen, den Umgang mit Nadel und Schere. Meist arbeiteten sie schon ab sechs Jahren vier und mehr Stunden im Tag. Fürs Fädeln gab es nichts Besseres als feine Kinderfinger und unverbrauchte Augen. Tausende standen so Tag für Tag im Einsatz. Still und gut getarnt hinter den fischschuppigen Fassaden der niedlichen Häuschen, eingesperrt in den Sticklokalen, die entweder im Keller oder im Erdgeschoss eingerichtet waren. Kein Lehrer, keine Lehrerin wunderte sich, wenn plötzlich ein Kopf neben die Schreibtafel sank. Viele Stickerkinder holten den verpassten Schlaf in der Schule nach.

Als Berthas jüngere Schwestern Edwine und Marie das Fädeln ebenfalls beherrschten, betraute die Mutter ihre Älteste mit der Aufgabe, die bestickten Bettlaken, Federbettbezüge, Servietten, Hand- und Tischtücher in der Fabrik abzuliefern und neues Material, Stoff und Garn, nach Hause zu bringen.

So nahm Bertha an einem heissen Hochsommernachmittag nach Schulschluss das Bündel Weisswäsche, das ihr die Mutter bereitgelegt hatte, packte es sorgsam in den Leiterwagen und machte sich auf den Weg. Eigentlich hätte die Ware schon am Vortag abgeliefert werden sollen. Aber die Mutter hatte es nicht geschafft, den verlangten Termin einzuhalten, obschon sie mehrere Nächte durchgearbeitet hatte.

Der Weg führte über Feld und Flur, durch Auenwald und an einsamen Bauernhöfen vorbei. An diesem Abend würde sie bis weit in die Nacht hinein hinter ihren Schulaufgaben sitzen. Selbst wenn sie keine Zeit verlor und nichts dazwischen kommen würde, dauerte allein der Hinweg zwei Stunden. Seit Tagen brannte die Sonne wie schon lange nicht mehr. Die Wiesen waren gelb wie Stroh und die Bremsen fett und gefrässig. Bertha wehrte sie ab, erschlug sie auf Armen und Beinen, so gut es ging. Der Schweiss nässte ihren Rock und die Bluse.

An jeder Brunnenröhre kühlte sie die Kehle und passte auf, dass ihre weisse Fracht keine Spritzer abbekam.

Die lange Dauer war es nicht, die ihr den Weg beschwerlich machten. Sie fürchtete sich vor Hans und Nero. Hans wohnte am Dorfausgang, auf dem dreckigsten Hof weit und breit. Er war zwei Klassen weiter als sie. Oft schlich er ihr nach der Schule hinterher. Einmal, als er sicher war, dass ihm niemand zuschaute, packte er Berthas Hand und drückte sie, bis ihre Finger weiss waren. Verzweifelt versuchte sie, sich loszureissen. Erst als sie ihn biss, heulte er auf und liess sie los. So schnell ihre Beine sie trugen, rannte sie davon. Fast waagrecht flogen ihre Zöpfe hinter ihr her. Wütend warf der Junge mit Steinen nach ihr. Und nur weil sie den Kopf im rechten Augenblick eingezogen hatte, traf sie keiner.

Hinter einer Wegbiegung sah sie den mächtigen Nussbaum, der die Scheune überragte. Ein Karren voll Mist stand vor dem Stall. Holzscheiter lagen verstreut herum. Bertha beeilte sich. Zum Glück regte sich nichts. Nicht einmal die Katzen. Diese streckten sich wie tot im Schatten der Stallwand aus. Kein Mensch war zu sehen. Hans lungerte wohl irgendwo herum. Aufatmen konnte sie erst, als der Hof endlich hinter Hecken und Bäumen verschwand.

Nun galt es noch, unbehelligt an Neros Hof vorbeizukommen. Bertha hoffte, das kurzbeinige, unförmige, rauhaarige Viech liege festgebunden an der Kette vor dem Stall oder wie die Katzen an einem schattigen Platz und sähe sie nicht. Wenn nicht, trottete der Kerl ihr mit dem Schwanz wedelnd entgegen, sprang an ihr hoch, legte die Pfoten auf ihre Schultern und fuhr mit seiner feucht-rauen Zunge über ihr Gesicht. Sie hatte es anfänglich lustig gefunden, wenn er sich an ihrem Bein festmachte und mit verdrehten Augen auf und ab zuckte. «Geh heim, Nero, mach, dass du fortkommst», versuchte sie das Tier schreiend abzuwehren. Doch der Hund liess sich nicht abschütteln. Je mehr sie sich wehrte, desto aufdringlicher wurde er. Erst die brüllende Stimme des Bauern «Willst du Schweinehund das Mädchen in Ruhe lassen!» half. Dann verzog sich das Tier mit eingeklemmtem Schwanz zurück zum Haus. Auch von Nero war heute zum Glück keine Spur.

Bertha hastete weiter, so dass die eisenbereiften Räder hinter ihr her ratterten. Rechtzeitig erreichte sie die Fabrik. Bereits standen vor dem grossen Tisch, auf dem sich die bestickten Weisswaren stapelten, in einer Reihe eine Frau, deren Alter schwer zu bestimmen war, ein älterer Mann, zwei Mädchen und ein Knabe in ihrem Alter. Bertha stellte sich hintenan und grüsste. Die Frau beschwerte sich beim Nachseher über den niedrigen Preis, den man ihr bezahlen wollte. Jedes Mal bekomme sie weniger, klagte sie: «So viele Fehler sind es gar nicht, dass Sie mir einen so grossen Abzug verrechnen können.» Ohne die Frau eines Blickes zu würdigen, reichte dieser ihr Stoff und Garn und sagte, sie müsse halt den Kopf bei der Sache haben und sorgfältiger arbeiten, dann gäbe es vielleicht mehr. Und noch immer ohne von den Wäschestapeln aufzuschauen, rief er: «Der Nächste.»

Als sie an der Reihe war und vor dem Nachseher stand, fühlte Bertha, wie sie kleiner und kleiner wurde. Sie war ohnehin von kleiner Statur. Und als dieser die Stirn runzelte, ahnte sie, dass es ihr nicht besser ergehen sollte als ihrer Vorgängerin. Der Prüfer befühlte mit seinen wächsernen Fingern, während sie vor ihm stand, Wäschestück für Wäschestück und suchte mit der Lupe die Blumenranken ab. Dann spitzte er den Mund, hob seinen Brustkasten, schaute sie durchdringend an, musterte sie von oben bis unten und fragte: «Was ist denn mit deiner Mutter wieder los?» Und ohne eine Antwort, auf die er noch lange hätte warten können, abzuwarten, meinte er: «Nicht nur kommt die Arbeit einen ganzen Tag zu spät. Sie wird auch noch von Mal zu Mal schlechter. Einmal sind die Stiche zu locker, dann wieder sind sie nicht regelmässig genug. Und Fehler hat es auch immer mehr.»

Bertha schwieg. Von der Mutter wusste sie, dass es keinen Sinn hatte, dem Nachseher zu widersprechen. Das bewirkte bloss, dass er die Arbeit noch schlechter machen und noch mehr Fehler finden würde. Man war seinem stechenden Adlerblick so oder so ausgeliefert. «Das Nachsticken ist teuer, es kostet nochmals viel Zeit», sagte der Prüfer auf den Absätzen wippend und rückte den Zwicker auf sein höckeriges Nasenbein. Dann nahm er das blaue Buch und schrieb ein paar Zahlen hinein.

Bertha packte Garn und Tuch mit beiden Armen, klemmte das Bündel zwischen Achselhöhle und Hüfte und rannte die Fabriktreppe hinunter. In der Zwischenzeit hatte es angefangen einzunachten. Von Hund und Hans blieb sie glücklicherweise unbehelligt. Dafür erschreckte sie ein mächtiger Stier, der auf der Weide im letzten Abendlicht friedlich graste. Sein vor Kraft strotzender Nacken weckte in ihr Angstbilder. Bilder von Stieren, die sie in ihren Albträumen verfolgten. Brüllend trampelten die Viecher durchs Haus, rannten ihr wutschnaubend treppauf, treppab hinterher, lauerten vor verschlossenen Türen, glotzten unverhofft hinter einem Kleiderkasten oder unter ihrer Bettstatt hervor. Die Verfolgung endete meist, indem sie stürzte, es vielleicht gerade noch schaffte aufzustehen, dann aber nicht mehr vom Fleck kam und klitschnass und zitternd erwachte.

Hoffentlich sieht er mich nicht und hört nicht den ratternden Leiterwagen, ging es ihr durch den Kopf. Wie im Traum, so schien es ihr, trugen ihre Beine und bleiernen Knie sie zu wenig schnell vorwärts. Geschwind steckte sie ihre mit roten Bändern zusammengehaltenen Zöpfe in die Bluse. Die Bänder könnten das Tier reizen, befürchtete sie. Rote Tücher, Kleider oder auch nur ein Stofffetzen, gar ein rotes Band würden Stiere wild machen, hatte ihr eine Tante erzählt. Und wütend würden sie die stärksten Zäune durchbrechen.

Die Bäume sahen immer mehr wie böse Geister aus. Und hinter jeder Hecke, fürchtete sie, könnte sich ein schwarzer Mann verbergen. Das Dunkel hatte das Land links und rechts des Weges ganz verschlungen. Der kantige Bergrücken auf der gegenüberliegenden Talseite, der aus dem Himmel ein Wolfsgebiss schnitt, war jetzt schwarz und kaum mehr erkennbar. Kein Mond und kein Stern leuchtete. Sie hetzte von einem Baum zum nächsten, versteckte sich in ihren kaum noch vorhandenen Schatten, verschnaufte nur kurz, bevor sie weiter eilte und sang gegen die Furcht ein Lied nach dem anderen. Dabei wechselten Angst und Erleichterung, Zuversicht und Erschöpfung in kurzen Intervallen ab. Eigentlich wollte sie ja stark sein und der Mutter beistehen. Doch dann wieder hatte sie das Gefühl, ein schwerer Sack auf ihrem Rücken drücke sie nieder. Der Heimweg erschien ihr jedenfalls endlos.

Endlich hob sich ihr Zuhause aus dem Dunkel ab. Schon hörte sie den laut plätschernden Brunnen und sah das vom fahlen Licht leicht erhellte Ästegerüst des mächtigen Apfelbaums im Vorgarten. Bertha liebte diesen lebenden Kalender, dessen Blätterdach wie ein grosser Schirm übers Hausdach ragte, im Sommer grosszügig Schatten und Frische spendete und den Staub siebte, wenn der Föhn wütend durchs

Tal fegte. Wenn der Schlaf nicht kommen wollte, folgten ihre Augen durch das enge Fensterchen den Verästelungen, bis sie zufielen.

Die Kleinen waren schon im Bett. Der Vater hantierte noch im Stall. Und die Mutter sass wie immer an der Maschine. Nie hatte sie Zeit. Weder für die Kümmernisse ihrer Kinder, noch für sich selber. Auch etwas Rechtes zu kochen, mangelte ihr die Zeit. Immer war sie da und dennoch abwesend, schuftete und schwieg. Und das Schweigen lagerte sich in ihrem Innern ab. Es befremdete Bertha, wie sie dasass, wunschlos und verkümmert und schlafwandlerisch den Pantographen den Mustervorlagen entlang leitete.

Auch der Vater schien sich mit diesem Leben abzufinden, wenn auch nicht tonlos. Manchmal brachen Groll und Ärger ohne Vorankündigung, dafür mit lautem Getöse vulkanartig aus ihm heraus. Dann schleuderte er, was ihm gerade zunächst zur Hand war, weit von sich, ein Holzscheit, die Schaufel oder die Axt. Verängstigt flüchteten Frau und Kinder dann vor seiner Raserei. Dass er nicht mehr sticken konnte, hatte ihm, dem eh schon Wortkargen, die Sprache verschlagen.

Bertha wärmte sich die Resten auf, setzte sich an den noch nicht abgeräumten Tisch und zog mit dem trüben, verbeulten Blechlöffel Gräben durchs klebrige Mus. Ein Labyrinth entstand, das sich sogleich wieder glättete. Wunschbilder tauchten auf. Von feinstem Porzellan und Silberbesteck, von perlenbestickten Gardinen über spiegelblank gebohnertem Parkett. Und auf dem Abort warteten im stinkenden Loch nicht die Fliegen, um sich aufs warme Stück Fleisch zu stürzen. Bertha malte sich vielmehr aus, auf einem mit Blumen verzierten Wasserklosett zu sitzen. Als sie neulich wieder einmal der Mutter von ihren Träumen, reich zu werden, vorschwärmte, während sie ihr half den Stickboden in die Maschine einzuführen, antwortete diese: «Was willst du von Reichen! Als Magd kannst du dich bei solchen Leuten verdingen. Mehr nicht. Oder du gehst halt ins Hotel.»

Abservieren und anprobieren

Als Bertha letzten Frühling im Grandhotel Quellenhof als Hilfskraft anfing, war sie zwölf. Sie half in der Küche, in der Lingerie, der Wäscherei, im Garten, am häufigsten aber den Zimmerfrauen. Sie arbeitete von April bis Oktober täglich, während der Schulzeit samstags und sonntags. Zur Schule gingen die Kinder nur im Winter. Im Sommer mussten sie beim Heuen helfen, im Stall und im Garten, Kühe, Ziegen und Schafe hüten, im elterlichen Gastbetrieb oder in der Heimstickerei mitarbeiten. Manche Lehrer gingen im Sommer ihrem zweiten Erwerb nach, waren Gastwirte oder Bauern, Maler oder Handwerker. Die Schule war ein Halbjahresbetrieb.

Punkt sechs Uhr machte sie sich jeweils mit nüchternem Magen und schlaftrunken auf den Weg, atmete den frischen Tau, eilte durchs Dorf und überquerte die Brücke, nicht ohne einen Blick übers Gusseisengeländer zu werfen, um sich zu vergewissern, ob das Wasser der Tamina klar oder grau über die weiss-schwarz gesprenkelten und gestreiften Steine dem Rhein zu floss. Die Gaslaternen brannten noch. Dann betrat sie wie die anderen das Hotel durch die Hintertür, den Personaleingang, und hetzte, sobald sie in ihre Diensttracht geschlüpft war, hastig zur Hotelküche. Gefrühstückt wurde an unendlich langen Tischen auf Holzbänken, wo sie aufpassen musste, dass ihr die spitzen Holzspiesse keine Maschen aus den Strümpfen oder Fäden aus dem Rock herausrissen. Für Strümpfe und Schuhe musste sie selber aufkommen. Bluse, Rock und Schürze, die selten akkurat passten, bekam sie vom Hotel.

Alfons, der Küchenjunge, warf ihr schon am ersten Tag zudringliche Blicke zu. Als sie spürte, wie seine schwarzen Augen sie fixierten, wagte sie kaum mehr, vom Teller aufzuschauen. Noch ehe ein Monat vergangen war, notierte sie ins schwarze Buch, das sie in den ersten Wochen geschenkt bekommen hatte und nicht mehr missen wollte, mehr verwundert als verzweifelt: «Was soll ich nur machen? Der Alfons hat sich heute schon wieder neben mich gesetzt, mich immer wieder mit dem Fuss gestupst. Ich glaube, ich bin rot angelaufen. Und im Bauch kribbelte es mich. Ich habe ihn böse angeschaut. Aber das nützt nichts. Er ist noch näher zu mir gerückt.» Und flüsterte ihr an jenem Morgen dann ins Ohr, was unter dem Hotelpersonal seit Tagen die Runde machte: Der Hilfskoch hätte neulich den Fischfond fürs grosse Diner verdorben, worauf dem Chef die Nerven durchgebrannt seien und er mit dem Messer nach jenem geworfen hätte. Getroffen hätte er ihn am Ohr. Das Blut sei in Strömen geflossen. Dann hätte man den Koch, der in Ohnmacht gefallen sei, ins Krankenzimmer geschafft. Wie es weitergegangen sei, wisse er nicht.

Es herrschte eine Hackordnung wie im Hühnerstall. Wer in der Hierarchie oben stand, schnappte sich das am wenigsten harte Brot, goss sich den heissesten Kaffee in die Tasse. Milchkaffee, den man gefärbtes Wasser nannte, gab es *à discrétion*. Um möglichst rasch satt zu werden, stopfte sich Bertha mit Rösti und Polenta voll. Das Brot war in der Regel hart wie ein Ziegel. Die Konfitüre wurde extra fürs Personal verdünnt. Butter gab es nicht. Manche beugten sich wortlos über ihre Teller, andere schwatzten. Sobald die Glatze des Hoteldirektors im Türrahmen aufschimmerte, schwoll der Lärmpegel ab, und man hörte nur noch das Scheppern der Blechlöffel und Emailteller. Niemand trödelte. Prüfend und gemächlich schritt der Direktor die Länge der Küche ab. Das Personal nannte ihn Papa oder redete vom Vater. Er war ein Patron, wie er im Buche stand. Die weiblichen Angestellten nannte er jovial «meine Frauen». Und den jüngern unter ihnen liess er besondere väterliche Fürsorge angedeihen, da er vorgab, für ihre Unversehrtheit Bürge zu sein. Das sei er den Müttern schuldig, die sich ängstigten, ihre Töchter kämen nicht wieder heim, so wie sie fortgegangen wären, sagte er jeweils. Bertha war froh, wenn er sie nicht beachtete. Sie fand seine weissen samtglatten Hände abstossend. Sie kamen ihr vor wie die vollen Zitzen eines gesunden Kuheuters; anders als die von Schrammen und Rissen durchfurchten Pranken ihres Vaters.

In acht Minuten musste das Frühstück beendet sein, mussten die Leute auf ihren Posten stehen. Bis zum Mittagessen um elf hatten die Zimmerfrauen und ihre Gehilfinnen fünfzig Zimmer herzurichten. Bertha half die Betten machen, entstaubte Möbel, bohnerte Böden so blank, dass man sich darin hätte spiegeln können. Auch die Badezimmer, eines pro Etage, mussten bis zu diesem Zeitpunkt vor Sauberkeit blitzen. Flink führte sie Besen und Blocher, leerte Eimer um Eimer Putzwasser, schüttete Nachttöpfe in den Abort. Obwohl sie dabei den Atem anhielt, wurde ihr manchmal fast übel.

Jederzeit und überall konnte der Direktor auftauchen, er war allgegenwärtig. Unvermittelt streckte er im Office seinen Kopf herein, hob, wenn es ihm beliebte, die Deckel von den Töpfen in der Küche, warf Blicke in die Garde-Manger und Spense; manchmal ragte aus dem Dampf der Waschküche plötzlich sein kahler Schädel heraus. Im Speisesaal überwachte er den Ablauf des Service. Und im Bridge- und Billard-Zimmer zeigte er sich mehrmals tagsüber sowie abends. Dort allerdings vorab, um sich mit der Klientel zu unterhalten. Jedem eintreffenden Gast drückte er persönlich die Hand, wie er auch jeden Abreisenden salbungsvoll verabschiedete, und zwar mit einem Bückling. Das gehörte zu einem Haus dieser Klasse. Seine Schuhe waren auf Hochglanz poliert und gaben bei jedem seiner etwas steifen Schritte einen Quietschton ab. Wenn er so durch die Gänge stolzierte, dachte man an einen Storch. Er hatte etwas Vogelartiges, vor allem wenn er seinem Nasenbein das Lorgnon aufsetzte. Stets trug er einen dunklen Anzug mit passendem Gilet und blütenweisser Hemdbrust. Dabei führte die goldene Uhrenkette, die am oberen Knopf seines Gilets festgemacht war, im Bogen zum Uhrentäschchen.

Überhaupt widerspiegelte sich in der Kleidung, wer was zu sagen hatte. Der Concierge in der Loge sah in Anzug und Krawatte eher wie ein Buchhalter aus. Der Oberkellner steckte im schwarzen Frack mit Fliege unterm Adamsapfel, seine Untergebenen waren ebenfalls befrackt, aber ohne Fliege. Ganz in Weiss kleideten sich die Personalköchin und der Küchenchef. Bertha trug wie ihr vorgesetztes Zimmermädchen eine weisse, von Spitzen eingefasste Schürze über einem dunklen Rock, eine schwarze Bluse, graue Strümpfe und schwarze Schuhe. Auch die Gouvernanten der Etagen, der Lingerie und des Office trugen einfache schwarze Kleider, aber anstelle einer Schürze einen weissen Spitzenkragen. Eigentliche Uniformen trug nur das Vestibül-Personal: Der Chasseur postierte in Königsblau mit goldglänzenden Tressen und Knöpfen. Livriert waren auch der Hausbursche, Groom genannt, der Portier und der Liftier.

Zuweilen übernahm die Frau des Direktors den morgendlichen Rundgang und rief so die Präsenz der Autorität in Erinnerung. Sonst aber hielt sie sich dezent im Hintergrund und kümmerte sich um die Instandhaltung der Wäsche, des Tafelsilbers und die zwischenmenschlichen Probleme, die ihrem Gatten zu delikat waren. Die Haare nach hinten gekämmt, zu einem Knoten gewunden, trug sie meist ein Jackenkleid aus dunklem Stoff, eine weisse Bluse, deren Kragen über dem Revers lag und eine Perlenkette um den Hals. Zu ihr geschickt wurde, wer sich innerhalb des Hauses etwa auf ein Liebesabenteuer eingelassen hatte. Sie war streng, aber korrekt.

Alle wussten, dass der Patron unter seinem Personal kein Techtelmechtel duldete, dass es streng verboten war, Liebschaften einzugehen – waren diese noch so ernst gemeint und mit Heiratsabsichten verbunden. Belästigte jedoch ein Gast das Personal, insbesondere wenn es sich um ein hohes Tier oder um Stammkundschaft handelte, galten andere Regeln. Strengste Verschwiegenheit war ohnehin oberstes Gebot. Nichts, was den guten Ruf der Kundschaft und damit den des Hauses hätte schädigen können, durfte nach draussen dringen. Wer diese Regel verletzte, wurde nicht nur seines Postens ledig, sondern figurierte fortan auf einer schwarzen Liste, die unter den Hoteliers der Region kursierte, so dass die Betroffenen auch bei anderen Arbeitgebern keine Aussicht auf Wiedereinstellung hatten. Die Mauern des Grandhotels waren undurchdringlich wie Pech.

Schweigen musste auch der Nachtportier. Obwohl es alle wussten. Auch Bertha bekam die Episode von ihrer vorgesetzten Gouvernante beim Betten zu hören; dass der Nachtportier die junge Arztgattin aus Basel, die ohne ihren Mann zur Kur im Hotel weilte, nach Mitternacht ins Bett trug, nachdem er sie nachts sturzbetrunken in der Halle auf der Chaiselongue gefunden hatte. Solche Episoden gingen von Mund zu Mund, von Ohr zu Ohr. Auch jene von den beiden Offizierstöchtern, die den hübschen Gärtner zu einer Spritzfahrt mit der Kutsche in die Taminaschlucht mitnahmen. Oder der Servierin, die dem Industriellen auf Geheiss den Whisky ins Badezimmer brachte, während dieser sich mit geöffnetem Bademantel rasierte. Auch vom jungen hübschen Chasseur, der vom allein gereisten Diplomaten mit einer Flasche Sekt und zwei Gläsern aufs Zimmer bestellt wurde und wegen seines langen Ausbleibens von einer Hilfskraft ersetzt werden musste. Was hinter vorgehaltener Hand kursierte, versüsste indes den grauen Alltag des Personals. Dabei erblühten unter dem Diktat des Schweigens Mimik und Körpersprache zur variantenreichen Mitteilungsform. Ein Blickkontakt, ein bestimmtes Lächeln, hinweisendes Kopfdrehen oder Wackeln mit den Hüften genügten, um die anderen ins Bild zu setzen. Sonst hielt man sich daran: nicht hinschauen, nichts hören, nichts ausplaudern. Ein grosszügiges Trinkgeld musste genügen, allfällige Verletzungen der Seele zu entschädigen.

Fast in jeder Familie verdiente ein Bursche als Gärtnergehilfe, Laufbursche oder Tellerwäscher in einem der Gasthäuser ein bescheidenes Zubrot, arbeitete ein Mädchen im Service, in der Küche und schaffte es vielleicht zur Gouvernante. Etwa zweihundert Leute zählte die Hotelcrew insgesamt, die Angestellten des Sekretariates, der Gärtnerei und des Badebetriebes mitgerechnet. Im Quellenhof arbeitete das halbe Dorf. Bertha verdiente fünfzig Rappen am Tag, manchmal kam etwas Trinkgeld dazu. Alles, bis auf den letzten Rappen, lieferte sie zuhause der Mutter ab.

Schadlos hielt sich das Personal auch noch auf andere Weise. «Heute zum ersten Mal abserviert», schrieb Bertha am Ende des zweiten Sommers ins Tagebuch. «Ich hatte Herzklopfen. Das ist doch gestohlen. Aber alle machen das. Und sie sagen, das sei nicht stehlen. Der Patron wisse das und sage nichts. Ich mach das lieber nicht mehr, frage wieder den Kellner Karl. Er hat mir vor zwei Tagen ein schönes Stück Braten abserviert. Daheim hatten sie grosse Freude.»

Abservieren, eine Art Selbstverpflegung, war in den Hotels aller Klassen ein gängiger Brauch. Sobald der letzte Gast die *Table d'hôte* verlassen hatte, begann die Jagd nach Pouletbeinen, Fisch- und Bratenstücken, Pastetenresten, die in den goldgeränderten Schüsseln und Tellern auf den glänzenden Damasttüchern übrig geblieben waren. Die leckersten Stücke sicherte sich, wer die Tische abräumte. Die Saaltochter stopfte die ergatterten Stücke in ihr Serviertuch, der Kellner steckte sie in seine Rocktaschen. Bertha hob den Happen Fleisch, den ihr Karl ab und zu zusteckte, in ihrem Spind auf, wo sie Mantel und Schuhe deponiert hatte, und brachte ihn am Abend nach Hause. Die im Hotel Logis hatten, bewahrten ihre Beute in den Schlafkammern unterm Dach auf, wo sich ein Gemisch von Gerüchen aus den Menüs der vergangenen Woche ausbreitete. Gewöhnlich hauste man dort eng zusammengepfercht zu viert oder zu sechst.

Die Verköstigung des Personals war im Allgemeinen mies, eine Brühe aus Resten. Was in Tellern und Schüsseln übrig blieb, wurde ausgiebig mit Wasser verdünnt und ein wenig aufgekocht. Oft wurde sie aber auch kalt aufgetischt. Dabei holten sich manche eine Darmverstimmung, einige auch eine Magenvergiftung. War das Essen ausnahmsweise besser, schimpfte der Patron, die Leute würden zu viel essen. Die schlechte Kost hatte jedoch nicht nur im Quellenhof System. Sie war in der Hotellerie allgemein üblich.

Nach dem Mittagessen um halb zwölf stand Bertha wieder im Einsatz, half die Tische im Speisesalon decken und verrichtete allerlei Handreichungen im Service. Später, in der Zimmerstunde strickte, flickte oder stopfte sie Strümpfe oder polierte Silber. Abends arbeitete sie in der Küche und später erneut im Service. Zweimal pro Woche hatte sie Nachtdienst zu leisten. Zu dritt brauten sie für Gäste Kräutertees, brachten auf Wunsch Bettflaschen und Schmerztabletten aufs Zimmer, dazwischen strickten und häkelten die Dienst tuenden Mädchen. An Tagen ohne Nachtwache sank Bertha jeweils gegen elf Uhr zuhause ins Bett. Oft schlief sie, den Kopf voller Eindrücke, trotz Müdigkeit nicht sofort ein.

Tag für Tag lernte sie Neues. Lernte die Eigenarten ihrer Kolleginnen und Kollegen kennen, wer sanft und wer aufdringlich, zugänglich oder verschlossen war, wer hilfsbereit oder hinterhältig, wer fröhlich und wer unbeherrscht sein konnte, schweigsam oder schwatzhaft und wer, wie der *Chef de cuisine*, vom Jähzorn geschlagen war. Paukte mit der etwas ruppig-resoluten Gouvernante, die seit zwanzig Jahren die Etagen dirigierte, Benimm-dich-Regeln. Sie müsse immer ein Lächeln auf dem Gesicht tragen – auch wenn ihr anders zumute sei, wenn ihr ein Gast begegne, den sie selbstverständlich höflich, laut und deutlich grüsse. Mit geradem Rücken und leise sollte sie gehen. Und sollte die Dame oder der Herr sie etwas fragen, etwa einen Wunsch äussern, müsse sie gut zuhören und ihr, der Gouvernante, rapportieren, was der Gast gesagt habe, und zwar unverzüglich. Auch müsse sie sich jeden Morgen, bevor sie die Dienstkleider anziehe, die Achselhöhlen mit Kölnischwasser besprühen. Sie dürfe nicht nach Schweiss riechen, nicht «schweisselen». Bertha pendelte zwischen zwei Welten. In keiner war sie ganz zu Hause.

Berthas direkte Vorgesetzte, die wenige ältere Lina, nützte ihre Stellung nicht aus wie andere, die ihren Untergebenen die allerdreckigsten und schwersten Arbeiten auftrugen. Karolina wurde sie nur vom Direktorenpaar gerufen, unter Kolleginnen war sie die Lina. Eines Nachmittags weihte sie Bertha ins bei den Zimmermädchen beliebte Anprobieren ein. Dazu brauchte es zuverlässige Quellen. Der Concierge war so eine. Er verpetzte keine, ihm konnte Lina vertrauen.

Schon lange hatte er ein Auge auf sie geworfen. Von ihm wusste Lina, dass die Dame aus Wien, die auf der zweiten Etage in der Suite logierte, an diesem Nachmittag eine Kutschenfahrt auf die andere Seite des Rheins unternahm, wo sie im Schloss als Gast zum Abendessen erwartet wurde. Bertha kannte das Schloss mit den zwei Türmen. Im Schlossweinberg hatte sie früher zusammen mit einer Tante und anderen Frauen und Kindern aus dem Dorf die Trauben von den Stöcken gelesen. Als Lohn gab's jeweils im Schlosstorkel Gerstensuppe, Brot, Wasser und Wein, für die Kinder mit Wein gefärbtes, leicht gesüsstes Wasser. Bertha erinnerte sich, wie die Tante auf dem Heimweg, leicht beschwipst, sich alle paar Hundert Meter an einen Baum oder Zaun lehnen musste. Auch die anderen Frauen versuchten vergeblich, ohne Schwanken gerade zu gehen.

Vorsichtig machten sich Lina und Bertha an Kästen und Schubladen, setzten sich Hüte auf, die aussahen wie Gartenlauben und bewunderten sich im grossen Kristallspiegel, zwängten ihre jugendlichen Leiber kichernd in ein steifes, mit Fischbein verstärktes Korsett aus hautfarbenem Satin, so dass sie sich kaum mehr bewegen konnten und der Puls in den Halsadern pochte, probierten ein Kleid nach dem anderen. Da die Wienerin ihren Schmuck nicht in einem Safe verschlossen hatte, schmückte sich Lina mit einem perlenbesetzten Collier und dem dazu passenden Armgeschmeide. Und Bertha gelang es, unter kundiger Anleitung Linas, den hochmodischen *Cul de Paris* aufzusetzen. Der Pariser Hintern, ein enormes Polster aus Rosshaar und Metallfedern, worüber sich kostbare Stoffmassen und Volants bauschten, war damals der letzte Schrei. Er betonte die physiologische Ausrichtung der Frau zur Gebärerin und somit Garantin des Familienerbes. Was Bertha bisher nur aus der Ferne bewundert hatte, spürte sie jetzt am eigenen Leib, wusste nun, wie Wespentaillen zustande kamen, und dass diese Mode, die aus Frauen Paradiesvögel machte, die weiblichen Rundungen ganz schön torturierten. «Kein Wunder, fällt dann und wann eine in Ohnmacht», flüsterte sie Lina zu.

So tauchten die beiden eine Zeit lang in die Welt der Schönen und Reichen. Glücklicherweise kehrte die Dame aus Wien erst zu später Stunde zurück.

«Zum Glück hat uns beim Anprobieren niemand entdeckt», notierte Bertha ins Tagebuch.

Klosterleute und warme Tücher

Gegen Ende des Sommers holte Bertha das schwarze Buch hervor – sie hatte es fast schon vergessen. In einer Schachtel oben auf dem Schrank bewahrte sie es vor dem Zugriff ihrer kleinen Geschwister auf, zusammen mit anderen Schätzen: Heiligenbildchen, unter anderen ein langhaariger Heiland mit goldenem Herzen, aus dem Blut tropfte, von dem sie lange glaubte, er sei eine Frau, mit Häkelspitzen umfasste Taschentüchlein, eine Muschel, die ihr ein Gast geschenkt hatte. Sie schrieb: «Endlich muss ich nicht mehr Betten machen, Möbel abstauben und Böden putzen. Vor allem bin ich froh, dass ich die Nachttöpfe nicht mehr leeren muss. Ich darf jetzt im Badhaus die heissen Tücher reichen.»

Als die Frau Direktor sie in ihr Büro zitierte, klopfte Berthas Herz wild. Befürchtungen schwirrten durch ihren Kopf, jemand hätte womöglich nicht dicht gehalten und sie wegen des Anprobierens verpetzt. Denn wer ins Büro neben dem Nähzimmer gerufen wurde, hatte entweder die Hausregeln verletzt oder sich innerhalb des Hauses auf ein Liebesabenteuer eingelassen. Als sie dann aber mütterlich bei der Hand genommen wurde und die Frau Direktor sagte: «So Maitli, wie geht's daheim, ist die Mutter wohlauf und auch deine Schwester? Und kann der Vater wieder zur Arbeit gehen?», fiel Bertha ein Klotz vom Herzen.

«Ich schicke dich jetzt ins Bad», sagte die Frau Direktor. «Du bist tüchtig und fleissig, lernst gut und führst immer zur Zufriedenheit deiner Vorgesetzten aus, was man dir aufträgt. Du weisst, unser elektrisch beheizter Schrank, in dem die Badtücher erwärmt werden, ist der Stolz unseres Hauses. Jedem Kurgast wird das warme Tuch gereicht. Das ist deine neue Aufgabe. Frau Stoffel, die Badmeisterin, wird es dich lehren. Also geh jetzt hin. Sie erwartet dich. Und pass gut auf!», sagte sie und erhob wie zur Warnung den rechten Zeigefinger. «Du musst genau das machen, was man dich heisst. Machst du es gut, gibt es dort manchmal gutes Trinkgeld.»

Wieder war alles neu. Durch den verglasten Gang gelangten die Gäste in Bademänteln und Pantoffeln vom Hotel zu den Badstuben. Die Badmeisterin, eine rundliche Frau mit muskulösen Armen, deren Pausbacken der Hitze in den Bädern wegen hochrot glühten, fuhr ihren neuen Schützling ziemlich unsanft und laut mit ihrer rauen Stimme an: «Damit du es dir gleich von Anfang an hinter die Ohren schreibst: Betrittst du das Badezimmer, darfst du nicht hinschauen, sondern musst deine Augen am besten auf den Fussboden richten.»

Ihr harscher Ton flösste Bertha anfänglich gehörig Angst ein. Doch schon nach ein paar Tagen merkte sie, dass ihre resolute Lehrmeisterin im Grunde eine herzensgute Seele war, und die Angst wich einem ehrfürchtigen Respekt. Frau Stoffel war Witwe und kinderlos. Ihr Mann war Flösser oder Flözer. Geflösst wurde auf dem Rhein, was sich besser als mit Ross und Wagen transportieren liess: Ganze Ladungen von Öl, Reis, Wein und Käse in Fässern, Stapel von Ziegeln, Steinen, Schindeln und Bretter auf Flossen sowie ganze Holzstämme, die zu Flotten zusammengebunden wurden, bis Rheineck und später zum Bodensee. In Chur war der Hauptladeplatz.

Als der Rhein eines Mittags im Hochsommer ganz plötzlich unheimlich anschwoll – im bündnerischen Oberland hatte es gewaltig gewittert –, rutschte Frau Stoffels Mann auf einem glitschigen Baumstamm aus und fiel ins grau schäumende Wasser. Zuerst mochte er sich an einem Aststumpf noch festhalten. Als der Stamm aber über einer Schnelle ruckte und sich kehrte, geriet er unters Holz und ertrank. Ein Fischer fand seine Leiche ein paar Tage später im Ufergestrüpp bei Buchs.

Stundenlang sass Bertha auf ihrem Stuhl und wartete, bis die Badmeisterin sie rief oder aus einer der Badstuben nach ihr geklingelt wurde. Ruhig und aufrecht wie eine Statue sass sie auf ihrem Stuhl und schaute dem für sie neuen Treiben neugierig zu. Musterte unauffällig die durch den langen Gang auf und ab wandelnden, schlurfenden Kurgäste und den immer eiligen Kurarzt im weissen Kittel. Tat so, als spitze sie die Ohren nicht, belauschte nicht die vertraulichen Gespräche und die mit Überzeugungskraft vorgebrachten Ratschläge des Arztes. Als hörte sie nicht, wie er mit befehlendem Unterton der jungen Dame, die unter chronischen Schlafstörungen litt, riet: «Bewegen Sie sich! Gehen Sie fotografieren! Und lassen Sie sich in unserem eigens für strapazierte Nerven eingerichteten Labor vom Hausfotografen das Entwickeln und Vergrössern von Platten zeigen! Alsdann lernen Sie, wie man Fotos koloriert, aufklebt und einrahmt. Und bei freundlicher Wetterlage gehen Sie hinaus in die Natur, und lassen Sie sich unter fachkundiger Anleitung demonstrieren, wie man ein Herbarium oder eine Insektensammlung anlegt. Nichtstun ruiniert ihre Gesundheit. Eine zielbewusste Arbeit dagegen steigert das Wohlbefinden.» Dabei vernahm Bertha auch, dass die Kuranstalt gegen den verderblichen Müssiggang robusteren Naturen Arbeitstherapieplätze in der Gärtnerei oder der Landwirtschaft verschrieb. Therapeutische Arbeitseinsätze wurden auch in der Tischlerei und in der Buchbinderei angeboten.

Dass man vor Langeweile und Nichtstun krank werden konnte, wollte Bertha allerdings nicht einleuchten. So notierte sie wenige Tage nach ihrem letzten Eintrag: «Diese reichen Leute haben alles, was sie sich nur wünschen und sind doch nicht zufrieden. Mir ist nie langweilig. Wäre ich reich, ich wüsste immer etwas zu tun. Manchmal bin ich richtig froh, muss ich warten und nicht in den heissen Dampf hinein, wo es mir manchmal fast schlecht wird. Heute schickte der Doktor Waldburger die Frau eines reichen Fabrikherrn aus Zürich mit der Kutsche in die Taminaschlucht. Bei gutem Wetter fahren sie täglich bis vors alte Bad Pfäfers, wo ein Fussteg der Felswand nach zur Quelle führt, es eng und dunkel ist und sich die Felswände oben berühren. Ich war schon lange nicht mehr in der Schlucht. Und bis ganz zuhinterst durften wir nur einmal mit unserer Lehrerin. Dort soll sie nur schauen, sagte der Doktor, wie das heisse Wasser aus der Felsspalte sprudelt. So vergehe ihr der Trübsinn von allein. Das Tosen und Dampfen des Wassers, das aus dem Innern des Berges schiesse, sei ein einmaliges Naturschauspiel und zeige eindrücklich die Macht des Schöpfers. Drückende Gedanken würden dann von selbst vertrieben und die junge Fabrikantenfrau könne die Tage wieder unbeschwert geniessen. Eine Spazierfahrt zur Quelle bewirke Wunder gegen die Melancholie.»

Bertha sah den furchterregenden Ort vor sich, sah, wie das Wasser mit grosser Wucht feucht heiss dampfend aus einer Spalte in die Tiefe stürzt. Wie im Märchen kam es ihr vor, als sie mit ihrer Klasse dieses Wunder bestaunte. Der Dampf zauberte auf die düster glänzenden, kirchturmhohen Felswände die wunderlichsten Formen und Farben.

Vom alten Badhaus in der Schlucht erzählte die Grossmutter vor ein paar Jahren an einem der letzten schönen Herbsttage, als Bertha und ihre Schwestern Marie und Edwine ihr halfen, im Wald die Laubsäcke für die Betten mit frischem Laub zu füllen. Überall, unter jeder grossen Eiche oder Buche sah man Grüppchen von Buckeln plaudernder und singender Frauen, Männern und Kindern, die Laub sammelten. Als ihre Laubsäcke prall voll und auf den Leiterwagen geladen waren, setzten sich Grossmutter und die Mädchen auf die von der Abendsonne gewärmten dicken grauen Wurzeln einer uralten, fast schon kahlen Buche.

Während die Mädchen an ihrem Apfel knabberten, erzählte die Grossmutter vom alten Bad, als noch kein Fahrweg der Tamina nach in die Schlucht führte: «Nur zwei Wege habe es hinunter ins Tobel, den überhängenden, schief geschlitzten Felswänden entlang gegeben. Kranke, die nicht selber gehen konnten, habe man in Sesseln auf kräftige Männerrücken gepackt und hinuntergetragen. Das hat uns schon unsere Grossmutter erzählt. Wem vor dem Anblick des schaurigen Schlundes graute, dem wurden die Augen verbunden. Nicht wenige sind nur bis oben an den Rand der Felswand gekommen und kehrten beim Anblick des Abgrundes vor Schreck ungebadet wieder um. Die anderen wurden an Seilen und Leitern ins dunkle dampfende Loch hinabgelassen, wo sie in einer vom Wasser ausgehöhlten Wanne mit Wein, Brot und Fleisch versorgt wurden und ein, zwei, drei und bis zu vier Tage verharrten, bis man sie wieder heraushob. Für manche war eine solche Badekur ein Vorgeschmack aufs Fegfeuer oder gar die Hölle.»

Weiter erzählte die Grossmutter von den Mönchen von St. Pirminsberg, die in Pfäfers hoch über ihren Köpfen thronten, die das Bad erbauen liessen, und es zu Ruhm und Ehre brachten. Vom ersten Badearzt Paracelsus, dem Stadtarzt zu Basel, den man, weil er sich mit Kräuter und Salben beschäftigte, zum Teufel gejagt hatte, und der mit dem Taminawasser berühmte Leute kurierte, auch den Fürst Abt des Klosters Pfäfers.

«Alles gehörte dem Kloster. Das Wasser, die Schlucht, die Wälder und Felder, Häuser, ja das ganze Dorf. Niemand nannte damals auch nur einen Fetzen Land sein Eigen. Die Leute gehörten entweder dem Vogt, dann waren sie Vogtsleute. Oder wie die meisten dem Kloster und hiessen Klosterleute. Starb ein Familienvater, holte sich der Fürst Abt bei der Witwe, was ihm gefiel, ein Stück Vieh, ein Kleid oder den Harnisch des Verstorbenen.» Dass ihm die Witwe auch noch andere

Wünsche befriedigen musste, erzählte die Grossmutter nicht. Dafür von einem entfernten Verwandten, der für ein Falllehen auf 71 Jahre für einige mindere Stück Boden dem damaligen Fürst Abt Benedikt zu Pfäfers soviel Zins zahlen musste, dass seine Familie hungerte, er nicht mehr ein und aus wusste und sich eines Tages vor Verzweiflung das Leben nahm.

«Und als die Franzosen kamen», erzählte Grossmutter weiter, «alles kurz und klein schlugen, Dörfer anzündeten und Brücken zerstörten, brachten sie neben Tod und Verwüstung auch Ideen von Freiheit und Gleichheit und Brüderlichkeit zu uns hinauf ins Voralpenland. Unserem Grossonkel Jakob und ein paar anderen Burschen von Ragaz machte das riesig Eindruck. Sie schlossen sich zusammen, begeisterten noch andere und planten, das Klosterjoch, das die Leute seit Menschengedenken drückte, abzuschütteln – bevor aus ihnen der letzte Saft durch unverschämt hohen Loskauf herausgepresst worden wäre. Doch dem Fürst Abt wurde aus Spitzelmund verraten, was sich unten im Dorf anbahnte. Daraufhin sandte er den Landvogt aus. Und als es soweit war, schlug dieser mit dreissig bewaffneten Haudegen den Aufstand blutig nieder.»

«Und was ist mit Onkel Jakob passiert?», wollten die Mädchen wissen. «Ja, was passiert, wenn man sich gegen kirchliche und weltliche Macht auflehnt», meinte die Grossmutter nachdenklich. «Wie ein paar seiner überlebenden Kumpane wurde der Jakob öffentlich aufgeknüpft. Gehängt als mahnendes Beispiel. Das hat gewirkt. So dass in unserer Gegend die Klosterbrüder länger als anderswo schalten und walten konnten wie seit eh und je.»

Tatsächlich bezahlten das Dorf Ragaz und seine Fälligen, so wurden die Hörigen auch genannt, noch eine Generation länger Zinsen. Obschon Napoleon 1803 die Leibeigenschaft in der Schweiz offiziell abgeschafft hatte. Dabei trieben es die letzten Mönche noch besonders bunt. 1838, nachdem der letzte Kreuzer abgestottert war, wurde die Abtei St. Pirminsberg zu Pfäfers aufgehoben. Und was dem Kloster gehörte, all die Ländereien, Dörfer, Bauerngüter, riesige Felder und Wälder sowie die Thermalquelle fiel an den Kanton St. Gallen. Aus dem Klostergebäude wurde eine Irrenanstalt, der Grundbesitz verhökert.

Die Grossmutter erinnerte sich: «Die Leute hatten nur immer fürs Kloster gearbeitet. Niemand hatte etwas. Doch wenigstens ein Dach über dem Kopf. Oder ein Bett in der Armenanstalt. Aber dann, als es das Kloster nicht mehr gab, gab's noch weniger. Jeder bangte um sein Haus, und war es noch so bescheiden, zugig und windschief. Viel schlimmer als heute erging es damals den Leuten.

Und dann kamen sie, die Geld hatten, von überall her, kauften Häuser und Gärten, Felder und Wälder. Die Herren boten und überboten sich. Am meisten ging an Herrn Simon, unseren Ehrenbürger. Von den Leuten im Dorf hatte niemand Geld. Wer sich nicht verschulden konnte, wurde obdachlos. Wer vorher arm war, war noch ärmer. Nie zuvor hatte es bei uns von Bettlern so gewimmelt. Auch unser Heimetli wurde ergantet. Wir konnten zwar bleiben, mussten aber weiter zinsen. So blieb es sich fast gleich. Was wir vorher dem Kloster ablieferten, zahlten wir nun dem Fabrikherrn nach Mels.»

Den grössten Brocken des klösterlichen Grundbesitzes mitsamt dem Recht, die Therme für hundert Jahre zu nutzen, ersteigerte Bernhard Simon, Sohn eines Glarner Schuhmachers, der dem Zaren in Russland Paläste erbaute und so sein Vermögen machte. Mit sechshundert angeheuerten Arbeitern stampfte er in Rekordzeit Strassen, Hotels, ein Kasino aus dem Boden und leitete das Heilwasser in Röhren ins Dorf. Er baute den Kurpark mit künstlichem See, auf dem stolze schwarze und weisse Schwanenpaare glitten. Eins folgte aufs andere. Bald hielten die ersten Eisenbahnzüge. Die Bahnhofstrasse entwickelte sich zur Einkaufsmeile, an der sich Laden an Laden, einer schicker als der andere, installierte. In den Foyers der Hotels trafen sich die Reichen und Schönen, Politiker und Wirtschaftsmagnaten, vermählten sich Geld und Geist, wurden die nächsten Kriege vorbereitet, karisierten im Separee der Finanzjongleur und die russische Prinzessin, tummelten sich Dichter, Denker und Musiker. Bad Ragaz wurde Weltbeobachtungsposten.

Pendeln zwischen Welten

Aufmerksam verfolgte Bertha die von Bademänteln umhüllten Gestalten. Männer mit krummen Beinen, die in ausgelatschten Pantoffeln staken, und blauvioletten Krampfadern, dick wie fette Regenwürmer. Bevor sie sich jeweils erhob und zur Badstube eilte, um das warme Tuch zu reichen, zupfte sie ihre knöchellange hellblaue Schürze zurecht und strich noch rasch eine widerspenstige Strähne unter das weisse Häubchen, das ihre dunkelblonden kräftigen Haare zusammenhielt. Die Luft in den Bädern war zum Ersticken schwül. Die feuchte Hitze frass den Sauerstoff in kurzer Zeit auf, so dass sich manche Badende über Luftmangel beschwerten. Doch die «Emanation», wie die heissen Dämpfe genannt wurden, gehörte nun mal zur Kur, erklärte der Arzt. Nur manchmal, wenn sie länger als üblich in dieser höllischen Hitze verweilen und das Tuch nochmals zurück in den Wärmeschrank legen musste, weil jemand noch nicht bereit war, wurde Bertha die Luft knapp. Sonst aber hatte sie sich an die feuchtigkeitsgesättigte Luft, die triefenden Kacheln, an denen sich die Tropfen zu kleinen Rinnsalen zusammenfanden und dann in dem Sieb des Abflusses in der leichten Vertiefung der bunten Bodenfliesen verschwanden, gewöhnt. Ebenso an den gelegentlichen Anblick gewaltiger Hinterbacken beleibter Frauen und an die im Verhältnis zu den Bäuchen wie Mehlsäcke eher schmächtigen Backen der Männer. Trotzdem schickte sie stets ein Stossgebet zum Himmel, es möge doch hinter der Tür ein weiblicher Körper und kein Mann auf das warme blendend weisse Tuch warten, und atmete erleichtert auf, wenn der Himmel sie erhört hatte. Sie konzentrierte sich auf den gemusterten Boden und die bunt glasierten Kacheln mit den wilden Ornamenten, welche den oberen Rand der geräumigen Becken verzierten. Trotzdem stieg ihr die Schamröte ins Gesicht, wenn sie das warme, trockene Tuch hinstreckte. Denn, ob sie wollte oder nicht, einen kurzen Blick auf nacktes Fleisch erhaschte sie dennoch. Es war das erste Mal, dass sie Menschen so sah. Sie hatte noch nicht einmal sich selbst ohne Kleider in einem Spiegel gesehen. Die Bilder wollten nicht mehr aus ihrem Kopf. Und nachts träumte sie von bleichen nackten Gestalten, die aus einem Fluss stiegen und dann die Bahnhofstrasse auf und ab wandelten. Angezogen wie von einem starken Magnet, schaute sie, wenn sie sich unbeobachtet fühlte, verstohlen hin. Obschon sie die hängenden Bäuche, Brüste und Hinterbacken, die Falten, Flecken und Haarbüschel hässlich fand, konnte sie das Hinschauen nicht lassen.

Die durch all die Jahre abgebrühte Badmeisterin wusste natürlich, dass den Mädchen der Anblick männlich behaarter Körperteile peinlich war. Und wenn immer es ging, das heisst, wenn nicht gleichzeitig in zwei Badstuben Männer sich trocken reiben wollten, nahm sie denen, die sie wie Bertha gut leiden mochte, den ungeliebten Gang ab.

Als die ersten kühlen Herbstnächte die Blätter der Bäume und Sträucher färbten und Bertha schon reichlich routiniert ihre Aufgabe erfüllte, geschah, wovor sie schon länger eine diffuse Furcht spürte, wie damals, als sie hinter jedem Strauch oder in jeder lichtlosen Stelle Hans oder einen schwarzen Mann vermutete, der ihr auflauerte. Ein älterer Badegast jagte ihr einen gehörigen Schrecken ein. Als sie ihm das heisse Tuch reichte, den Blick diesmal angestrengt auf den Boden heftete, fistelte der Mann mit zittriger Stimme, sie möge ihn doch auf seinem Zimmer aufsuchen und versprach ihr ein für sie unglaubliches Trinkgeld. Dabei drehte er sich um, liess das Tuch fallen und sie sah, dass er etwas umklammerte. Einen Moment schaute sie fasziniert hin. Aber dann wurde ihr schwindlig. Frau Stoffel, die ihr bleiches Gesicht und ihre Verstörtheit bemerkt hatte, fragte, was denn los sei, ob ihr schlecht sei. Es dauerte ein Weilchen, bis Bertha das Würgen im Hals loswurde und stammelte. Sie habe nicht hinschauen wollen, der ältere Herr habe sich umgedreht und das Tuch fallengelassen. Dann habe er ihr fünf Franken Trinkgeld versprochen, wenn sie auf sein Zimmer komme. Die Badmeisterin verstand sofort, was geschehen war.

Noch wochenlang erschien Bertha dieses Bild in Albträumen und hinderte sie am Einschlafen.

Ins Tagebuch notierte sie: «Der Mann kommt mir immer wieder in den Sinn. Immer dieses Tuch, das ich ihm gegeben hatte und das hinunterfällt. Und letzte Nacht träumte ich von ihm. In unserem Stall stand er hinter der Holzwand mit dem Gatter, in dem die Ziege und das Zicklein in der Nacht eingesperrt sind. Dort stand er und glotzte mich mit seinen glasigen Augen an und hatte wieder das in der Hand, das aussieht wie ein nacktes Püppchen. Ich bin ja fast ohnmächtig geworden. Fünf Franken Trinkgeld. Dafür könnte Mutter zwei Kilo Fleisch kaufen.»

Eigentlich hätte sie noch bis zum Saisonende im Badhaus den Kurgästen die warmen Tücher reichen sollen. Doch nach diesem Vorfall, den die Badmeisterin der Direktorin gemeldet hatte, versetzte man Bertha für den Rest dieser Saison in die Lingerie. Dort half sie Bettwäsche plätten, schadhafte Wäschestücke aussortieren und Leintücher, Kopfkissen- und Duvetbezüge zusammenlegen und in Schränke versorgen.

Wenn sie morgens lang auf den Beinen war, überraschte sie zuweilen ein fremdartiges Ziehen im Bauch, das bis in die Oberschenkel ausstrahlte. Die erste Monatsblutung kündigte sich an. Aber Bertha hatte davon nicht die geringste Ahnung. Die Pubertät brach über sie herein wie ein Murgang in der Schlucht. Die Kinderwelt zerbröselte wie ein verregneter Sandkuchen. Niemand kümmerte sich um sie. Mit niemandem konnte sie reden. Mit Tüchern schnürte sie ihre Brüste ein, damit die Dorfkinder, die hinter ihr her riefen, «schaut nur, das Busenfräulein kommt», sie endlich in Ruhe liessen. Am liebsten wäre sie in die Erde versunken.

In der letzten Woche, bevor die Schule nach der Sommerpause wieder begann, gewahrte sie eines Morgens Flecken im Bett. Zuerst glaubte sie, sie hätte im Schlaf Mückenstiche oder Flohbisse aufgekratzt. Als sie merkte, dass Blut aus ihr heraustropfte, schlich sie ins Elternschlafzimmer, holte von Vaters grossen Taschentüchern und stopfte sie in die Unterhose. Heimlich wusch sie das hundertmal geflickte Bettlaken. Niemand hatte ihr gesagt, was sich früher oder später in jedem Mädchenleib entwickelt, wächst, blutig und oft schmerzhaft ausfliesst, aus einer Öffnung, von der sie nicht einmal wusste, dass es diese gab. Nichts wusste sie. Kinder kamen einfach von irgendwo her; einige blieben da, andere starben nach der Geburt. Auch zuhause war es so. Plötzlich war wieder ein Geschwisterchen da. Oder es hiess, es sei eines gestorben. Väter waren für Bertha auch einfach da, tranken und assen, arbeiteten und schliefen, schimpften und straften. Kinder wünschte sie sich schon. Aber keinen Mann.

Wieder einmal bot das Tagebuch Zuflucht. Wieder einmal dachte sie an die feine Frau, die es ihr geschenkt hatte und sagte, sie soll alles, was sie bekümmere und worüber sie mit niemandem reden könne, diesen Seiten anvertrauen. «Vielleicht verblute ich und werde bald sterben? Ist das die Strafe dafür, dass ich Mutters Rat nicht befolgt habe und mich nicht gewehrt habe, als mich Alfons der Küchenjunge auf den Mund küsste? Mutter warnte mich, ich müsse mich vor dem Männervolk in Acht nehmen. Ich wäre nicht die erste hier, die in Schande das Dorf verlassen müsste, mit einem Kind und keinem Mann. Männer seien eben so.»

Drei Monate behielt sie das Geheimnis für sich. Beim vierten Mal war Vaters Schwester im Haus. Bertha mochte sie nicht. Agathe kam jeden Herbst für ein paar Wochen und unterstützte die Mutter bei der Vorratshaltung. Die ledige Tante half, Einmachgläser zu füllen, Obst dörren und das Laub in den Säcken der Betten erneuern. Dabei entdeckte sie die Flecken in Berthas Bett. Als sie Berthas bleiches Gesicht sah, grinste sie: «Hast das Bett dreckig gemacht, gelt, das geht doch nicht, hast denn keine Binden?»

Auch die Mutter schimpfte: «Warum hast nichts gesagt?» Dann etwas versöhnlicher: «Du brauchst dich deswegen nicht zu schämen, das haben die Frauen halt. Du musst nun diese Binden anziehen.» Und ohne weitere Erklärungen drückt ihr die Mutter ein Bündel Stofflappen in die Hand, die aussahen wie abgeschnittene Hemdsärmel. «Aha, das also sind Binden», dachte Bertha, keine Topflappen, wie man ihr weismachen wollte, als sie die Dinger, die an der Wäscheleine hinter Vaters langen Hemden und dem Bettzeug trockneten, entdeckte und fragte, wozu man sie brauchte.

Seit sie menstruierte, wechselten Berthas Stimmungen oft abrupt. Oft kam es ihr vor, die Stimmen der anderen kämen von weit her und an ihrer Stelle würde sich eine andere bewegen. Manchmal fühlte sie sich hässlich. Sah nur Bibeli aus der Haut spriessen. Die Haare fühlten sich fettig an. Dann wieder mochte sie sich nur ungern von ihrem Spiegelbild trennen, räkelte sich kokett und betrachtete sich durch die bewundernden Blicke, die sie nun aus vielen Männeraugen trafen.

Mehr und mehr verursachte ihr das Pendeln zwischen den beiden Welten ein Durcheinander im Kopf. In der einen erfüllte man sich jede Laune und jeden Wunsch. In der andern sättigte man sich notdürftig und stillte der Schnaps den Leibes- und Gemütshunger. Im alten, über Jahrhunderte gewachsenen Dorfteil pflanzte sich auf Laubsäcken und Heubühnen ein unerschöpfliches Reservoir an Arbeitskräften fort. Ballten sich Fäuste und wurden Flüche heruntergewürgt, guckten Kinderaugen sehnsüchtig nach der anderen Seite, wo sich Gasthaus an Herberge, Teesalon an Konditorei schmiegte, Pferde vor Kutschen trampelten und Staub aufwirbelten.

Sobald sie zuhause die Haustür hinter sich schloss, erschien Bertha alles dürftig, düster und eng. Nicht wie im Hotel, Glühlampen und Kristallleuchter jeden Gegenstand, die Bilder an den Wänden, die Teppiche, die Polsterstühle und Ottomanen, die Kredenzen und Buffets, ja selbst die Türbeschläge und Türklinken in ein märchenhaftes Licht setzten. Und überall Wohlgerüche. Auf dem Heimweg hielt Bertha jeweils einen Atem lang vor der Konditorei inne und schnupperte nochmals den Botenstoff aus der andern Welt, den Duft von Schokolade und feinem Gebäck, der ihr den Speichel im Mund zusammentrieb. Lange verharrte sie so, zögerte hinaus, heimzugehen, wo es nach Schweiss und Stall, nach Moder und ranzigem Fett roch. Gerüche, die sie nicht wahrgenommen hatte, die zum alltäglichen Leben gehörten.

London: Lesen mit Lisette

«Du musst Sprachen lernen, Maitli», sagte der Hotelpatron zu Bertha an einem Morgen im Frühling. Ihre Schulzeit ging dem Ende entgegen. Das Gras grünte bereits bescheiden.

Er beobachte sie nun schon lange und stelle mit Freude fest, wie tüchtig sie sei, sagte der Patron. Er könne sie sich in seinem Haus gut als künftige Gouvernante vorstellen. «Zuerst aber musst du Französisch und Englisch lernen und dann wenn möglich Italienisch. Das braucht heutzutage jeder, der vorwärtskommen will. Die Kenntnis fremder Sprachen ist wichtig.» Diese heranwachsende, aus dem Dorfe stammende Hilfskraft schien ihm wert, gefördert zu werden. Durchaus im eigenen Interesse. Denn jede Perle im Personal machte sich auf Dauer bezahlt. Er war ein vorausdenkender Mann. Mit zunehmendem Wohlgefallen nahm der Direktor Berthas Aufblühen wahr. Ihr Körper formte sich zu immer harmonischeren Proportionen, und eine Anmut zeichnete ihr ebenmässiges, fein geschnittenes Gesicht. Ab und zu schon hatte er sie unter einem Vorwand in sein Büro kommen lassen. Und wenn er dann sein schweres Eichenpult verliess und ihr, während er redete, so nahe trat, drang sein Körpergeruch ihr direkt in die Nase. Der leicht süssliche Geruch erinnerte sie an Marzipan.

Sein Ehrgeiz kam zusehends in Schwung. «Ich werde dich bei einer Familie im Welschland unterbringen», erklärte er mit paternalistischer Würde. Einen Moment lang sah Bertha wieder den Alten im Bad. Doch gelang es ihr rasch, das Bild zu verscheuchen.

Im April 1904 notierte sie ins Tagebuch: «Ich werde ins Welschland gehen und Französisch lernen. Der Hoteldirektor schickt mich zu einer Familie nach Nyon. Ich sei tüchtig, lobte er mich: Eine meiner tüchtigsten jungen Damen. Er könne sich mich in seinem Haus gut als künftige Gouvernante vorstellen. Aber ich müsse Sprachen lernen, Französisch, Englisch und später Italienisch. Das brauche heutzutage jeder, der vorwärtskommen wolle. Was sagt wohl Vater dazu?»

Doch was der Hoteldirektor als Autorität vorsah, konnte Berthas Eltern nur recht sein. Jedenfalls willigten sie sofort ein.

Als müsste sie es schwarz auf weiss festhalten, damit es nicht bloss ein Traum war, schrieb sie: «Morgen ist Reisetag. Hoffentlich kann ich trotzdem schlafen. Ich bin ganz aufgeregt.»

Mutter und die grösseren Geschwister winkten zum Abschied auf dem Bahnsteig. Bertha schaute ihnen nach, bis sie der Dampf verschluckt hatte, der anfänglich braun und dann in weissen Schwaden aus dem Kamin der fauchenden Lokomotive stieg.

Zwei Wochen später notierte Bertha: «Ich bin jetzt eine *Bonne à tout faire*. So heissen hier die Mädchen für alles. Ich wasche, putze, koche, begleitete die drei Kinder zur Schule und bringe sie abends zu Bett. Mit ihnen teile ich auch den Tisch. So lerne ich im hui ihre Sprache. Nachts pauke ich noch französische Vokabeln und lese in den Büchern, die mir Madame ausleiht. Ich brauche dazu den Dictionnaire, den sie mir ebenfalls gegeben hat. Das alles habe ich auch in meinem Brief nach Hause geschrieben.»

Als sie von ihrem «schwärzesten Tag» berichtete, prangten mitten auf dem zarten sandfarbigen Papier zwei dicke Tintenflecken, die auf der Rückseite durchfärbten. «Madame besuchte heute ihre Freundin in Lausanne», schrieb Bertha. «Auch Monsieur blieb den ganzen Tag weg. So war ich ganz allein im Haus. Die Kinder stritten, rissen einander an den Haaren und schrien, dass es einem durch Mark und Bein ging. Und dem Kleinen wollte partout kein Mittagsschlaf gelingen. Zu allem Unglück liess ich auch noch den vollen Milchkrug fallen, der auf dem Küchenboden in tausend Stücke zerbrach. Die Milch floss in alle Winkel und Ecken und unter den Geschirrkasten. Madame war natürlich sehr verärgert und hat mich gescholten. Ich bekomme darum einen Monat lang kein Sackgeld mehr. Hoffentlich reicht mein Erspartes trotzdem für das Bahnbillett nach Hause.»

Einige Wochen später fuhr Bertha zurück. Das Welschlandjahr hatte sie glücklich hinter sich gebracht. Es regnete Bäche. Die Scheiben im Zug schlierten wässrig. Kein See, keine Rebhalde war durchs Fenster zu sehen. Alles verlor sich in einem undurchdringlichen Bleigrau. Bis Bern war sie allein im Abteil. Dann füllte sich der Wagen allmählich mit jeder Station. Bertha las im Buch, das ihr Madame zum Abschied geschenkt hatte. Sie teilte die hölzerne Bank lange Zeit mit einer jungen Frau, die an einem Strumpf strickte. Die Fahrt kam Bertha endlos vor. In der feuchtwarmen Luft explodierten die Gerüche nassen Leders und Schweisses, abgestandenen Rauches sowie des feuchten Fells eines alten Hundes, der unter einer Bank schlief. Bertha wischte die Fensterscheibe mit ihrem Taschentuch trocken. Es hatte aufgehört zu regnen.

Endlich sah sie Bekanntes. Das Wolfsgebiss der kantigen Bergrücken auf der einen Seite des Tales. Frisch gemähte Wiesen und sattgrüne Mischwälder wuchsen den Berghang hinauf und verschmolzen mit dem schwärzlichen Nadelwald, bis zuoberst die nackten Felswände die Horizontlinie zogen. Da und dort weideten spielzeugkleine Kühe auf Matten über dem Abgrund. Auf der anderen Talseite schimmerten sanftgrüne Hügel unterm blank gefegten Himmel im Abendlicht.

Am Bahnhof wartete Marie. Impulsiv umarmte Bertha ihre jüngere Schwester, die jetzt gleich gross war wie sie, und schoss sofort los, erzählte, wie es war und wollte wissen, was es Neues von hier zu sagen gäbe. Aber Marie schaute sie nur an, zuckte mit den Schultern und zeigte auf ihre Ohren. Sie verstehe nichts, sagte sie in einer Lautstärke, dass sich die Leute umdrehten. Zuhause erfuhr Bertha, dass Marie fast taub war. Sie hatte eine schwere Mittelohrentzündung durchgemacht. Und Mutter wollte, um ihre Schmerzen zu lindern, warmes Öl in Maries Ohren giessen. Doch das Öl war zu heiss und verbrühte das Innere des Ohrs.

Bertha war ihrem Traum ein Stück näher gerückt. Sie war nun nicht mehr Zimmermädchen im Grandhotel Quellenhof. Sie war Ersatz-Gouvernante und trug wie die Gouvernanten ein schwarzes Kleid und weisse Spitzen um den Hals. Nach wenigen Wochen schon bestellte sie der Hoteldirektor in sein Büro und teilte ihr mit, dass er sie nach England schicken wolle, damit sie dort Englisch erlerne. Zu Mr. Wilson nach London, einem seiner Stammgäste, der ein renommiertes Textilunternehmen besass. Der Sommer brachte nämlich weit weniger Gäste in den Kurort als im Vorjahr. So packte Bertha wieder ihren Koffer.

Kurz vor der Abreise schrieb sie ins Tagebuch: «Die Zimmermädchen necken mich fortwährend und versuchen mir Angst einzujagen. Ob ich denn nicht wisse, dass man in London junge Frauen und Mädchen entführe, von denen man nie wieder höre. Gewiss würden diese Bedauernswerten eingesperrt auf einem Schloss in einem Harem in der Wüste leben. Auch mein Bruder Wilhelm neckt mich: In der Fremde wirst du endlich lernen, alles zu essen. Auch Dinge, die wie eine Nachgeburt aussehen. Er meint den Plumpudding.»

London, den 20. März 1906: «Drei Tage dauerte die Reise. Auf dem Schiff wurde mir schlecht. Als ich wieder festen Boden unter den Füssen hatte, stand ich am Quai, den Koffer in der einen, den Zettel mit der Adresse in der andern Hand. Noch immer stand mir der Magen zuoberst und auch die Knie waren noch weich. Nach einer Weile reihte ich mich wie die anderen Passagiere in die Warteschlange bei den Taxi ein. Was für eine Riesenstadt! Von allem gibt es viel. Zu viel für eine Landpomeranze wie mich. Viele Häuser, viele Strassen und viele Menschen. Zuerst dachte ich: Ein richtiges Durcheinander. Aber das Chaos hat eine Ordnung. Die Menschen bewegen sich fast wie die Ameisen, die ihren Haufen auch ordnen. Sie gehen zielstrebig und warten vor den Bushaltestellen und den Läden geduldig in langen Reihen.»

«Ich arbeite vor einer hohen Wand mit endlos vielen Fächern und Regalen», schilderte Bertha ihre ersten Eindrücke im Hause Wilson. «An einem langen Tisch ordne ich Kopien von Briefen und Rechnungen unter der Oberaufsicht einer schon etwas älteren Engländerin. Auch Botendienste muss ich ausführen, die fertigen Briefe in einem Körbchen in die Spedition tragen, wo es nach Klebestoff, Stempelfarbe und Siegellack riecht. Die beiden ersten Stockwerke dienen dem Verkauf, die Büros befinden sich in der dritten Etage. Hinter meinem Rücken tippt Lisette Briefe. Der Chef persönlich hat mich ihr vorgestellt. Sie kommt aus Biel, redet deutsch und französisch und beherrscht englisch perfekt. Sie ist gross, schlank, hat ein markantes, schönes Gesicht mit dunklen grossen Augen. Ihre gewellten, schwarzen Haare bindet Lisette zu einem Rossschwanz. Sie ist immer gut angezogen. Modern. Und sie liest und weiss viel. Sie wohnt im vierten Stock. Mein Zimmer liegt im fünften unter dem Dach. Die Personalzimmer sind klein, aber gemütlich.»

Am ersten Tag schon nahm Lisette Bertha bei der Hand und zeigte ihr die Personalkantine – Kost und Logis waren Teil des Gehalts – und den Gemeinschaftsraum, wo sich, wer wollte, die Freizeit mit Lesen oder Radiohören vertreiben konnte. In einer Ecke standen ein kleiner Salontisch, ein altes Sofa und zwei Polsterstühle und auf dem kleinen Gestell an der seitlichen Wand ein paar Bücher und der Radioapparat. Die beiden untersten Stockwerke in Mr. Wilsons Firmensitz dienten dem Verkauf, und in der dritten Etage befanden sich die Büros. Ein typisches Londoner Geschäftshaus mit hohen Fensterfronten.

Die beiden waren sich vom ersten Augenkontakt an sympathisch. Lisette war in allem die Erfahrene. Für sie war Bertha die jüngere

Schwester, das noch unbeschriebene Blatt, das naive Wesen, das Greenhorn, das vor den Gefahren in der Welt bewahrt werden musste, das sie wie eine Gluckhenne das Küken sofort unter ihre Fittiche nahm und belehrte, vor wem sie sich in Acht nehmen sollte und wer Vertrauen verdiente. Und für Bertha war die ältere Freundin eine Türöffnerin.

Iren, Berthas Vorgesetzte, sei zwar etwas bärbeissig, sagte Lisette. Aber im Grunde sei sie herzensgut, merke oft nur nicht, dass das, was sie gesagt hätte, überhaupt nicht oder nur teilweise angekommen sei. Vor allem müsse sich Bertha vor Mr. Wilson hüten. Er sei ein elender rücksichtsloser Schürzenjäger und habe es besonders auf junge hübsche Frauen abgesehen. Mehr sagte sie nicht.

Samstags wurde bis mittags gearbeitet. Anschliessend mussten die Angestellten die Büros putzen, Böden fegen und Staub von den Pulten wischen. Dann waren sie frei.

Lisette und Bertha machten gemeinsam lange Spaziergänge, auch im Nebel und Regen, flanierten durch Strassen und der Themse entlang, genossen die Frühlingssonne auf einer Bank in einer der öffentlichen Parkanlagen. Dann wieder verweilten sie vor alten Mauern und sahen in den Ritzen und Vorsprüngen Geisterfratzen, Blumen, Frauenkörper und Tierköpfe. Oft verfolgten sie stundenlang an der Themse das Entladen von Lastkähnen. Die Stadt verzauberte Bertha von Woche zu Woche. An Sonntagen reisten sie gelegentlich aufs Land hinaus. Bertha entdeckte Dinge, auf die sie daheim nicht geachtet hatte. Sie freute sich über die verschiedenen Stimmungen der Bäume, die jahreszeitlichen Verwandlungen der Sträucher, die fein verästelten Gräser und blühenden Moosarten. Auch merkte sie sich die Namen der Vögel auf Englisch. Bertha sog sich mit Wissen voll wie ein trockener Schwamm.

Lisette führte sie in den freien Stunden in ihre Gedanken ein und zeigte ihr, was es ausser den alltäglichen Notwendigkeiten sonst noch gab: Literatur, Musik, Tanz. Sie gingen ins Theater, besuchten Museen und Konzerte, lasen abends zusammen Bücher, vertieften sich in Gorkis «Die verlorenen Leute», fieberten zusammen durch Dostojewskis «Dämonen», erregten sich an Tolstois «Anna Karenina», und sie weinten beide bei der gemeinsamen Lektüre von Gerhard Hauptmanns «Die Weber», die Bertha an zuhause erinnerte, an die raue

Kindheit, den öligen Geruch in der Stickstube und das rhythmische Rattern der Maschine.

Oder Lisette sagte: «Komm, lass uns Radio hören. Sie bringen ein Beethoven-Konzert. Das ist wunderbar.» Der Gemeinschaftsraum war abends meist leer. So wie sich Lisette entspannt auf die Couch legte, hätte sich Bertha nicht getraut. In ihren Augen sah es unschicklich aus. Sie setzte sich wie gewohnt auf einen der Polstersessel. So lauschten sie versunken. Was sie zusammen schweisste, war die nicht ausgesprochene Übereinkunft, sie seien anders als alle anderen, weil sie sich an Dingen freuten, von denen andere keine Ahnung hatten.

Bertha wurde durch verschiedene Abteilungen geschleust. Sie war beliebt, erledigte, was man ihr auftrug, rasch und sorgfältig. Im Keller, wo sich das Lager befand, reihten sich die Musterbücher neben Stapeln von Leib- und Weisswäsche, teure, mit Spitzen besetzte und weniger exquisite. Mr. Wilsons Textilfirma gehörte zu den Hoflieferanten des britischen Königshauses. Bertha ordnete mit den Frauen die Gestelle, packte aus und ein. Die meisten waren wie sie noch sehr jung.

«Gäbe es nur den Chef nicht!» notierte Bertha in ihr schwarzes Buch.

Alles an ihm stiess sie ab. Sie war froh, hatte sie, nachdem er sie am ersten Tag willkommen geheissen hatte, nichts mehr mit ihm zu tun.

Eines Nachmittags, als Bertha mit einer Kollegin Unterhosen und Leibchen zu Bündeln schürte, erzählte ihr die Kollegin, was sich in Mr. Wilsons Büro hinter verschlossener Tür abspielte. Jede Woche wähle der Boss eine von ihnen aus, zitiere sie auf sein Büro und verriegle hinter ihrem Rücken heimlich die Türe. Dann ginge es los: Er befehle ihr, sich vor seinen Augen auszuziehen, ein Dessous, Hose, Hemd oder Korsett anzuprobieren und sich vor ihm auf dem Tisch zu postieren, ihm die Wäsche vorzuführen. Je nach Lust und Gier verlange er, dass ihm sein Opfer auf dieselbe Weise eine Binde vorführe. Sei er befriedigt, gäbe es zur Belohnung eine Unterhose, ein Hemd oder ein Korsett. Er müsse die intime Damenwäsche ebenso genau wie alles andere prüfen, bevor er sie in die Kollektion aufnehmen könne, sage er jeweils. Bertha glaubte zuerst, sie scherze. Doch als ihr später eine um die andere Mitarbeiterin das gleiche schilderte, zweifelte sie nicht mehr am Wahrheitsgehalt. Wer Widerstand leiste, erklärten ihr die Kolleginnen, werde auf der Stelle gekündigt. Manchmal würde die Bestrafung noch weitergehen. Dann würde Mr. Wilson in seinen Geschäftskreisen soviel Schlechtes über die Fortgejagte verbreiten, dass diese kaum mehr auf eine andere Anstellung hoffen könne. Darum wage keine, sich zu wehren.

Als Bertha Lisette bestürzt und erregt schilderte, was Woche für Woche hinter Mr. Wilsons Bürotür geschah, streichelte ihr die Freundin sanft übers Haar und sagte, sie wisse alles, hätte ihr jedoch nichts sagen wollen, um sie nicht zu ängstigen. Das Leben sei halt facettenreich und die Menschen seien nicht einfach gut. Dass der Chef auf diese Weise seine Macht ausspiele, fände sie absolut verwerflich. Aber sie könne nichts dagegen tun. Sie selber brauche nichts zu fürchten. Und wenn er sehe, dass sie sich um Bertha kümmere, lasse er auch sie in Ruhe. Vor ihr habe er jedenfalls Respekt.

Bertha schrieb jetzt freier und ausführlicher, erzählte in ihrem Tagebuch von den Abenden in der Hausbibliothek oder in Lisettes geräumigem Zimmer: «Wir lesen einander vor bis die Augen brennen. Einmal lese ich, dann liest Lisette. Sie hat eine eigene kleine Bibliothek mit vielen Büchern in allen Sprachen. Wir lasen ‹Mont-Oriol› von Guy de Maupassant. Die Geschichte handelt von Christiane und William Andermatt, die in einem Thermalbad zur Kur weilen. Sie hätte gerne Kinder. Er hat nur sein Geschäft im Kopf. Als sie sich in einen Dandy verliebt, wird sie schwanger. Und William Andermatt glaubt, das Thermalwasser hätte das Wunder vollbracht.»

Ein anderes Mal notierte sie: «Gestern vergassen wir die Zeit und lasen bis weit nach Mitternacht. Es war Walpurgisnacht. Die Nacht, in der die Hexen zu ihren Tanzplätzen fliegen, so erzählte man uns. Lisette las aus ‹Lelia› von George Sand. Wir weinten beide, weil sich der unglückliche Stenio das Leben nahm. Lelia zog den jungen Dichter an sich. Aber sie war unfähig zu lieben. Einmal sagte sie, sie liebe ihn, aber nur wie einen Sohn, dann stiess sie ihn wieder fort. Sie war kalt und herzlos. In einem verfallenden Kloster wollte sie Ruhe und sich selber finden. Aber sie spürte nur Aufstand und Murren. Als Stenio erkannte, dass sie ihn nicht lieben konnte, er aber ohne sie nicht leben wollte, stürzte er sich in den Tod. Als ich mich mit verweinten Augen verabschieden und in meine Kammer hoch steigen wollte, sagte Lisette, ich sollte bei ihr schlafen. Bei ihr gebe es genügend Platz.

Mir kam es ganz natürlich vor, mich neben sie zu betten. Sie strich mir übers Haar und sagte, ich hätte so schöne feine Haare. Noch nie hat jemand so wie sie zu mir gesprochen. Ich bin doch nicht schön, habe ich gesagt. Zuhause durften wir nicht einmal in den Spiegel schauen. Die Mutter hatte immer Angst, wir könnten hochmütig werden. Wenn es einmal neue Kleider gab, durften wir diese erst nach vielen Monaten tragen.»

Eines Sonntagnachmittags wanderten sie vom Trafalgar Square zur Westminster Hall, bestaunten den Big Ben und schlenderten weiter zur Westminster-Abtei. Schleierwolken überzogen den stahlblauen Himmel. Ein kühler Wind blies ihnen in die Röcke. Als sich Bertha gerade übermütig auf eine kleine Mauer schwingen wollte, blieb Lisette stehen und hielt sie am Arm fest. Sie müsse ihr etwas gestehen. Wahrscheinlich verstehe sie das zwar nicht. Aber sie wolle kein Geheimnis vor ihr. Sie sei nämlich verlobt. Seit zwei Jahren schon. «Ich wollte ihn eigentlich nicht mehr sehen», sagte Lisette. Das Schwierige sei, dass ihr Hermann überhaupt nichts bedeute. «Wenn ich zu ihm gehe, geschieht zwischen uns nichts, auch nicht, wenn wir zusammen schlafen. Er streichelt mich. Mehr will ich nicht. Seit ich hier bin, schreibt er mir, immer wieder, wie sehr er mich liebe und dass er es nicht verkraften könne, wenn ich nicht zurückkäme. Er lässt mir keine Ruhe. Er ist ein lieber Mensch. Ich kann ihn nicht verletzen. Ich heirate ihn nur, weil ich nicht mehr ‹Nein› sagen kann.»

Bertha erstarrte. Ihr Lachen gefror. Fassungs- und verständnislos hatte sie zugehört und sich auf die Mauer gestützt. Ihr schwindelte. Und Speichel, der ihr in der Halsröhre stecken blieb, würgte. Sie fühlte sich verletzt und verraten. Ihre kleine Welt war zerbrochen. Lisettes Worte brannten wie eine Ohrfeige. Warum nur hatte sie ihr kürzlich dieses Foto gezeigt? Das Foto mit dem nackten Mann. Bertha fragte damals nicht, obschon sie der Anblick verwirrte. Nichts, das Lisette machte, erschien ihr damals fragwürdig. Sie sollte ruhig hinschauen, meinte Lisette besänftigend. Da sehe sie, wie verschieden Mann und Frau doch seien. Nicht nur ihre Körper, sie fühlten auch anders. Darum würden sie sich immer fremd bleiben. Bertha entsinne sich gewiss an Maupassants Worte, die Menschen gingen stets nebeneinander durch die Ereignisse, ohne wirklich eins zu werden. Sie selbst, das gestehe sie, mache sich aus Männern nichts. Und sie rate ihr, um sich viel Ungemach zu ersparen, niemals zu heiraten. Dabei bedeutete heiraten für Bertha das Ziel eines jeden Frauenlebens, auch des ihren. Und nun dies.

Diese Unstimmigkeit leitete den Bruch zwischen ihnen ein. Bertha spürte, dass sich etwas auflöste, dass sich ein Keil zwischen ihre Freundschaft geschoben hatte. Sie fühlte sich hintergangen. Zum ersten Mal war sie auf ihre Freundin wütend. Es dauerte mehrere Tage und halb durchwachte Nächte, bis sie ihr nicht mehr aus dem Weg ging. Sie ging früh zu Bett. Sagte, es sei ihr nicht gut, wenn Lisette sie bat, wieder einmal zusammen Musik zu hören. Aber einschlafen konnte sie nicht. Gedanken wirbelten durch ihren Kopf. Fragen über Fragen quälten sie. Erinnerungen vermischten sich.

Wie damals, als sie Lisette eines Sonntags dazu überredete, sie in die Kirche zu begleiten. Die anglikanische sei fast wie die reformierte, erklärte sie. Das dürfe sie nicht, sagte Bertha. Aber Lisette liess nicht locker, das könne doch nicht so schlimm sein, Reformierte seien doch auch Gläubige und beteten zum gleichen Gott. «Ich komme dafür mit Ihnen in die katholische», versprach sie. Trotz der Vertrautheit, trotz der Nähe, die sich zwischen ihnen entwickelt hatte, hielt Lisette an der in ihren Kreisen herrschenden Höflichkeitsform fest; am distanzierenden Sie. Schliesslich willigte Bertha ein und zog ihr Sonntagskleid an. Schon beim Betreten des fremdartigen Gotteshauses bereute sie ihr Nachgeben. Die Kirche kam ihr nüchtern und leer vor. Sie dachte die ganze Zeit an zuhause, an den Pfarrer, der gepredigt hatte, man dürfe an keinen kultischen Handlungen eines anderen Glaubens teilnehmen. Das schlechte Gewissen peinigte sie noch immer. Als Lisette ihre Zweifel und Verunsicherung bemerkte, entschuldigte sie sich, das sei ihr nicht recht, obwohl sie nicht begreifen konnte, dass es Katholikinnen nicht erlaubt sein sollte, einen reformierten Gottesdienst zu besuchen. Dann solle sie halt beichten gehen, meinte sie.

Während sie sich immer noch hin und her wälzte, erinnerte sich Bertha plötzlich an ein Gespräch. Und wie man sich manchmal fragt und an die Stirn greift, warum einem dies oder jenes nicht früher schon aufgefallen war, fragte sie sich: Warum nur hat Lisette so wenig und so seltsam über ihre Eltern geredet? Während sie, Bertha, ihr alles von zuhause und möglichst detailgetreu erzählen musste, von der Mutter und ihrer Heimstickerei, ihren Geschwistern, vor allem von Marie, die jetzt schwerhörig war. Und vom Vater, wie er mit dem Schicksal haderte, den Ärger aber meist in sich hineinfrass; nur manchmal brachen Wut und Verdruss aus ihm heraus, grollend und wuchtig wie ein Sturzbach.

Lisette dagegen sprach kaum über ihr früheres Leben und ihre Jugendzeit. Bertha kam es vor, als sei dieser Lebensabschnitt ihrer Freundin ein dunkles Loch. Nur einmal, völlig unvermittelt allerdings, erzählte Lisette von ihrer Mutter, und zwar so übertrieben distanziert, als rede sie von einer fremden Person. Auch den Vater erwähnte sie nur beiläufig und auf eine Art, als hätte er in ihrer Biografie keine Bedeutung. Und als wollte sie Gespräche zu diesem Thema ein für allemal erledigen, erklärte sie: «Ich habe meine Eltern nie gemocht, und sie haben mich auch nicht geliebt. Aber lassen wir das.»

Das alles war nun vorbei. Lisette war ihr fremd geworden. Die Wut hatte sich verflüchtigt, wurde zum Ärger bloss noch über sich selber, selbst so bedingungslos vertrauensselig gewesen zu sein.

An ihre Stelle trat Enttäuschung. Bertha versuchte, nicht nachtragend zu sein. Und Lisette spürte, dass vielleicht nichts mehr wird, wie es war. Sie verbrachten noch einige Abende zusammen im Gemeinschaftsraum. Meist schweigend. Verlegen. Oder redeten über eher Belangloses. Bis Lisette Bertha in ihre Pläne einweihte. Sie habe ihre Stelle gekündigt, teilte sie Bertha an einem solchen Abend mit. Sie wolle zurück in die Schweiz. Die Heirat finde in ein paar Wochen statt. Ihr dringendster Rat: Bertha solle dasselbe zu tun. Sie solle ebenfalls kündigen. Denn sie wolle nicht, dass sie in diesem Haus, bei diesem Chef ohne ihren Schutz zurückbliebe.

Bertha hatte ohnehin vor, bald heimzukehren. Englisch konnte sie nun genügend. Und just in diesen Tagen traf ein Brief für sie aus Bad Ragaz ein. Man erwarte sie dringend im Quellenhof, schrieb der Hoteldirektor. Man rüste sich bereits auf die kommende Hochsaison. Ostern stehe vor der Tür, Gesellschaften, auch ausländische, hätten sich angemeldet.

Zurück im Hotel, hatte Bertha ihr Ziel erreicht. Nun achtzehnjährig, wurde sie als Gouvernante in der Lingerie eingesetzt; dort unterwies sie Näherinnen, Wäscherinnen und Büglerinnen und packte selber überall mit an. Nicht nur die Hotelwäsche musste verarbeitet werden. Auch die persönliche Schmutzwäsche der Gäste wurde gewaschen, geflickt und gebügelt.

Während sie sich in ihre Aufgaben stürzte, vergass sie Lisette beinahe. Erst am Ende des Sommers rief ein Brief sie in Erinnerung. Doch liess Bertha das blau umrandete Kuvert mehrere Tage ungeöffnet in ihrem Spind. Erst in einer ruhigen Zimmerstunde nahm sie den Umschlag zögerlich zur Hand, wog und wendete ihn hin und her, bevor sie ihn aufriss, überlegte, was der Grund sein könnte für diesen Brief. Und immer wieder las sie die Anschrift und den Absender.

Lisettes Handschrift war wie ein Kalligramm, gestochen scharf mit stark betonten Abstrichen und regelmässigen Zwischenräumen. Bertha las die wenigen Zeilen langsam mit zu Fäusten verkrampften Händen. «Hermann ist tot», schrieb Lisette kurz und trocken. Sie und Hermann hätten sich bald nach ihrer Hochzeitsreise wieder getrennt. Zusammen zu leben sei einfach nicht möglich gewesen. Sie passten nicht zueinander. Hermann habe das partout nicht wahrhaben wollen. «Nun hat er sich das Leben genommen.» Sie habe inzwischen Biel verlassen und lebe in Bern zusammen mit einer Freundin, die Malerin sei. «Wie Stenio und Lelia», notierte Bertha ins Tagebuch.

Erneut wühlte sie die Geschichte auf. Wie damals in London als sie und Lisette sich darin vertieft hatten. Die Dichterin hatte Bertha zwar Türen geöffnet, Verständnis für Widersprüche geweckt, für das Paradoxe, die Zerrissenheit und Abgründe. Aber sie wurde auch zwischen Bewunderung und Entsetzen, Trauer und Wut – sie verfluchte ab und an die gefühllose Lelia –, zwischen Parteinahme und Verstehenwollen hin und her gerissen. Lisette hatte ihr das Buch geschenkt. Zum Abschied. Bertha versteckte es in ihrem Nachttisch unter Nastüchern.

Jetzt las sie die Stellen wieder und wieder: «Ich war glücklich, und jetzt stürzen Sie mich in die Angst zurück, aus der ich einen Augenblick lang herausgekrochen war! Diese Stunde der Stille mit Ihnen hat mir so unsägliche Lust offenbart! Und schon, Lelia, bedauern Sie, dass ich Sie kennen gelernt habe», beklagt Stenio die gnadenlose Kälte der Geliebten. Und etwas später heisst es: «Adieu, Lelia, ich werde mich töten. Heute haben Sie mich glücklich gemacht, morgen werden Sie mir aus Versehen oder aus einer Laune heraus das Glück wieder entreissen. Ich muss nicht bis morgen leben, ich muss in meiner Freude einschlafen und nicht mehr aufwachen.» Und Lelia gesteht angesichts des toten Dichters: «Ich hätte deine Mutter sein und dich umarmen mögen, ohne in dir die Sinne des Mannes zu wecken.»

Bertha fieberte mit, vergoss wiederum Tränen für den unglücklichen Stenio. Für sie war auch Lisette tot.

«Zwei Leben, die wie parallele Eisenbahnschienen nie zusammentreffen», schrieb sie ins schwarze Buch.

Bertha arbeitete noch energischer, versuchte zu vergessen, zu vergeben. Und in der knappen freien Zeit verschlang sie Buch um Buch. Das lenkte ab.

Die Liebe kommt aus Rom

Zeit verging. Wunden verheilten. Wünsche wurden langsam wach. Im Juni 1908 schrieb Bertha ins schwarze Buch: «Kommt jetzt auch zu mir, wovon ich immer lese? Ist es das, wovon in den Büchern geschrieben steht und das mir manchmal kalte Schauer den Rücken hinunterjagt? Hat es mich nun selber erwischt? Umstellt von Koffern, stand er gestern Abend dort. Gross, elegant gekleidet in einem englischen Anzug aus Tweed und einem breitkrempigen schwarzen Hut. Er hat mich angeschaut. Und ich merkte, wie mir Blut ins Gesicht stieg, wie ich rot anlief. Er war nicht alleine. Ein vornehmer alter Herr stand neben ihm. Ich schaute zu, wie hypnotisiert, als der Liftier die Gitter des Liftes zuzog. Dann entschwanden die beiden nach oben. Der Concierge verriet mir hinter vorgehaltener Hand, nachdem ich ihn bedrängt hatte, es mir zu sagen, dass der Herr Graf und sein Begleiter aus Italien, aus Rom angereist seien. Sie hätten zwei Zimmer genommen und wollten für einige Wochen hier logieren. Und er verriet mir sogar seinen Namen: Luigi – Luigi Perin Mantello. Was für ein Name! Luigi Perin Mantello.»

Bertha schwebte über Dielen und Gänge. Wo sonst, als in ihrem Tagebuch konnte sie ihren ausser Rand und Band geratenen Gefühlen freien Lauf lassen? Sie notierte: «Dass mir so etwas geschieht. Ich weiss nicht, wo mir der Kopf steht. Mir geht alles drunter und drüber. Wieder hat er mich angeschaut, als ich ihm begegnete. Wieder ist mir das Blut in die Backen geschossen. Und dann hat er mich gefragt, ob ich Kirschen möge. Auf Französisch, als er merkte, dass ich kein Italienisch verstand. Er hatte die Reisekleider gewechselt und trug einen eierschalenfarbigen Anzug und weisse Schuhe. So sah er noch eleganter aus. Dann ging er aufs Zimmer zurück und brachte mir einen ganzen Sack voll. Rote Kirschen. Einige habe er wegwerfen müssen, sagte er. Aber die meisten hätten die lange Reise gut überstanden. Es seien Kirschen aus Palombara. Wo das wohl ist? Dann fragte er, ob ich ihn treffen wolle. Er lud mich ein ins Café, auf der Terrasse über der Tamina. Bin ich verliebt? Und warum? Sind es seine dunklen grossen Augen, die sich dauernd bewegen, hin und her rollen, sein Lächeln hinter dem gezwirbelten Schnurrbart? Und diese Stimme! Und die markante Nase, seine kräftige Gestalt! Wenn ich es wüsste! Ich denke, es ist alles zusammen.»

Nach dem ersten Rendez-vous floss die Tinte in zarten, manchmal unbändigen Linien übers Blatt: «Es war noch schöner, noch aufregender, als ich es mir vorgestellt habe. Ich bekam nicht genug von seiner dunklen Stimme. Alles in mir glüht. Wunderbar. Wenn uns nur nicht so viele Leute, Leute aus dem Dorf und aus dem Hotel, gesehen hätten. Luigi, wir sagen uns die Vornamen, bestellte Campari Soda. Ich nahm Kaffee. Er wollte unbedingt, dass ich dazu ein Stück Kuchen ass. Er sei hier, sagte er, in der Schweiz, weil er den Herrn Grafen begleite und bei dessen Geschäften berate. Er fragte, wo ich herkomme, was ich bisher gemacht habe und künftig machen wolle. Er wollte alles wissen. Und er will mir eine Stelle verschaffen. In Rom. Wahrscheinlich sogar im selben Hotel, in dem er Chefconcierge ist.»

Der Abschied kam. Für Bertha viel zu rasch. Sie hatten sich am Vorabend Adieu gesagt und baldiges Wiedersehen vereinbart. Wieder stand Luigi Perin Mantello in der Lounge. Umstellt von Koffern. Neben ihm der Graf. Bertha trat auf die Vortreppe und schaute ihnen nach, wie sie in die Kutsche stiegen. Jeden Abend fragte sie Mutter, ob der Briefträger Post für sie gebracht habe.

Endlich traf er ein, der ersehnte Brief aus Rom. Sie könne in seinem Hotel als Gouvernante arbeiten. Der Direktor sei einverstanden. Und wohnen könne sie bei seiner Cousine, in einer kleinen hübschen hellen Dachkammer, schrieb er in einem Gemisch aus französisch und italienisch. Er freue sich sehr, sie wiederzusehen, erwarte sie mit grosser Ungeduld am Bahnhof. Wolle sie durch Rom führen, durch das antike ebenso wie das barocke. Ihr die Säulen, Gräber und die Thermen zeigen, die vielen Kirchen und den Vatikan mit seinen unermesslichen Schätzen. Auch die Wächter des heiligen Stuhls, Berthas Landsmänner, die Schweizer Gardisten, wolle er ihr zeigen, so dass sie sich bald wie zu Hause fühlen werde. Bertha verstand nicht alles. Aber es klang wunderbar. Auf einmal passte alles zusammen. Und sie war überzeugt, dass Mann und Frau sehr wohl zusammenpassten, sofern das Glück und Gott es wollen, dass es ein Gesetz gebe, wonach sie sich nie treffen könnten, wie das Paar Eisenbahnschienen, erschien ihr nun als grosser Irrtum. Arme Lisette, dachte sie.

Der Zeitpunkt für ein neues Leben passte akkurat. Ihr Zuhause kam Bertha schon länger wie ein abgetragenes, zu eng gewordenes Kleid vor. Eins ums andere weihte sie die Glieder ihrer Familie in ihre Pläne ein. Zuerst die Mutter. Edwina Looser nickte nur und meinte, sie sei froh, wenn sie als älteste ihren Weg gefunden hätte. Von Vater fürchtete Bertha Vorwürfe, ein Donnerwetter gar, das habe ihm noch gefehlt, jetzt, wo sie gerade erst recht verdiene und die Familie tatkräftig unterstützen könne. Bertha ging zu ihm in den Stall, wo er die Kuh molk. Das war die beste Gelegenheit. Er hörte ruhig zu. Nach kurzem Schweigen sagte Gottfried Looser, ohne seine Tochter anzusehen, eher leise, wie es gar nicht seine Art war: «Dann geh halt, wenn's sein muss, mach, was du für richtig hältst.» Dann wandte er sich wieder dem Kuhbauch zu und zog an den weichen warmen Zitzen. Zum Schluss erfuhren Berthas Geschwister die Neuigkeit. Marie und Wilhelm fanden allerdings, lauthals unterstützt von Edwine, Gustav und Emil, ihre grosse Schwester dürfte schon gehen, aber nicht so weit weg. Rom tönte für sie wie Ende der Welt und Ewigkeit.

Gerüchte über Berthas amouröse Beziehung kamen auch dem Hotelpatron zu Ohren. Man hatte ihm erzählt, sie habe ein «Geschleik» mit diesem feinen Römer. Als Bertha vom Patron zur Rede gestellt wurde und er sie anfuhr, es zieme sich nicht für eine Gouvernante seines Hauses, mit einem der Gäste so enge Kontakte zu pflegen, prallte seine Zurechtweisung an ihr ab. Sie fühlte sich ihrer jungen Liebe sicher. Ihr sei ernst damit, erklärte sie, sie kündige ihre Stelle, und zwar sofort. Denn sie habe vor, nach Rom zu ziehen.

Es war ein schwülheisser Augusttag. Diesmal stand fast die ganze Familie auf dem Bahnsteig, eine neben dem andern, aufgereiht wie die Hühner auf der Stange. Die Sonne drückte den Nebelvorhang beiseite, der die Berge verschleierte. Alle winkten der dampfenden Eisenbahn nach und wischten mit weissen Tüchern ihre Tränen fort. Sie hatten einander versprochen, sich gegenseitig zu besuchen. Auch Bertha weinte. Obschon sie nicht zum ersten Mal verreiste, erschien ihr dieser Abschied anders als die früheren. Endgültiger.

Dieses Mal reiste sie mit ganz grossem Gepäck via Zürich in der dritten Klasse des Italia-Express nach Rom.

«Alle kamen zum Bahnhof», notierte sie später ins Tagebuch. «Nur Vater blieb daheim, sagte mir Adieu unter dem Apfelbaum. Er müsse noch misten. Dann verschwand er rasch hinter der Doppeltür im Stall. Ob er etwas traurig ist?»

Was vor ihr war, lag zwar noch in diffusem Licht. Aber es war anders als das, was sie nun verliess, das starr und eintönig geworden war. Die Zukunft erschien ihr hell und vielversprechend.

Ankunft in Rom. Unglaublich viel Russ überall: an Mauern, auf Kandelabern, selbst die Magnolien und Rhododendren schienen russig. Der Himmel aber schimmerte dunkelblau samtig, und ein paar putzige Wölklein huschten über ihn hinweg. Luigi nahm Bertha in Empfang. Um seinen Schnurrbart zeichnete sich Spannung, Erwartung und freudige Erregung ab. Sie reichte ihm knapp bis zur Schulter. Sein jüngster Bruder Emilio war mitgekommen und half das Gepäck schleppen. Er war kleiner als Luigi und hatte kräftige Hände, Hände die gewohnt waren, dass sie gebraucht wurden. Er war Maurer und Stuckateur. Sie gingen zu Fuss.

«Roma, den 15. August 1908. *Ferragosto.* Mariä Himmelfahrt. Mein Herz klopfte wild, als ich aus dem Zug stieg. Luigi sieht noch so aus, wie ich ihn in Erinnerung habe. Er küsste mir die Hand. Sein jüngster Bruder Emilio – auch mein jüngster Bruder heisst Emil – ist sehr nett. Überhaupt sind alle lieb zu mir. Und Luigi will mir jeden Wunsch erfüllen, den ich nicht einmal habe. Trotzdem ist mir oft weh ums Herz, wenn ich an zuhause denke. Zwar mache ich Fortschritte und verstehe immer besser italienisch. Aber alles ist so fremd: Die vornehmen Häuser mit den reichen Gärten, daneben die Plätze und Strassen voller Bettler, Frauen in Lumpen, manchmal samt Kindern, und Männer, die anstelle von Zähnen nichts oder nur eine Reihe schwarze Stummel haben. Rom ist weniger Stadt, als ich mir vorgestellt habe. Und der Bahnhof sieht aus wie ein Schuppen. Da haben wir in Ragaz den schöneren.»

Zum ersten Mal sah Bertha Luxus und Armut so nah beieinander: Hungerleider vor eleganten, in Marmor und Messing glänzenden Bars, Krüppel, die vor Schaufensterauslagen feiner Konditoreien kauerten, wo das bunte Gebäck bis auf die Strasse duftete. Sie sah Obdachlose unter Brücken und Frauen mit Kindern auf Kirchentreppen, denen Damen mit schwarzen Spitzenschleiern vor dem Gesicht, leicht nach vorn geneigt, aus perlenbestickten Täschchen eine Münze in eine zerbeulte Blechschachtel warfen.

Luigi bemerkte Berthas Bestürzung und erklärte ihr, dass neuestens Italiens Regierung unter Ministerpräsident Giovanni Giolitti der herrschenden Misere zu Leibe rücken wolle. Es würde jetzt der Bau von gesunden und erschwinglichen Wohnungen für Handwerker und Arbeiter gefördert. Dasselbe tue der Sindaco von Rom. Ernesto Nathan, ein gebürtiger Engländer, Freidenker und Freimaurer und ein Parteigänger Giolittis, habe einen Fachmann angestellt, der Ordnung in die wilde Bauerei und Spekulation bringen soll. «Mal sehen, was daraus wird», meinte Luigi.

Francesco, den mittleren der Perin-Mantello-Brüder, lernte Bertha noch am gleichen Abend bei Gelsomina kennen. Sie hatte für Bertha das Dachzimmer hergerichtet. Neben ihr beherbergte sie noch zwei Beamte, die im nahen Finanzministerium die Sessel drückten. Von arbeiten könne dort allerdings keine Rede sein, schimpfte sie jeweils, wenn die beiden Kostgänger sich wieder einmal verspäteten und sie die *pasta asciutta*, das Teigwarengericht, warm stellen musste. Luigi teilte sich mit Francesco und Emilio im selben Quartier eine bescheidene Wohnung.

Gelsomina führte wie viele Ledige oder Witwen eine Art Privatpension. Sie liebte Nippsachen über alles. Das Wohn- und Esszimmer quoll davon förmlich über. Ihre Favoriten waren bukolische Szenerien aus Porzellan. Zufall oder nicht, an diesem ersten Abend tischte sie auf, was später Berthas Leibspeise wurde: Kalbskopf an einer Vinaigrette mit viel Olivenöl; ein echt römisches Mahl.

Von der Lukarne ihrer Dachkammer aus sah Bertha auf ein überwältigendes Gewirr von Kaminen, Dachgauben, Zinnen mit Topfpflanzen, Vogelkäfigen, Gerümpel, Trennwänden aus rostigem Blech, Taubenschlägen und verwitterten Mauern, aus denen da und dort Birken und andere Gewächse sprossen. Hier oben zeigte die Stadt ein anderes, ein lichtes Gesicht. Das Gegenstück zu den düsteren Strassenschluchten unten. Dieser Ausblick entschädigte Bertha für die enge, vollgestopfte Kammer, in der neben der alten Bettstatt mit der in der Mitte durchgedrückten Rosshaarmatratze, auf der wohl schon mehrere Generationen geträumt und geschwitzt hatten, ein Nachttisch mit einem rostrot geblumtem Nachttopf und bei der Lukarne ein schmaler Schrank aus dunkel lackiertem Holz standen. Doch für viel mehr als zum Schlafen hielt sie sich in ihrer Kammer ohnehin nicht auf. Tag und Nacht war sie auf den Beinen, fiel spätabends todmüde ins Bett und fand kaum noch Zeit, mit Luigi ein paar Worte zu wechseln.

Trotzdem wachte sie manchmal mitten in der Nacht auf und wurde hellwach. Gedanken wirbelten durch ihren Kopf. So viele Eindrücke. So viel Neues.

Bertha setzte sich auf, lehnte an die Rückwand der Bettstatt, zündete die Öllampe an und begann aufzuschreiben: «Es ist wirklich wie in einem grossen Dorf. Sobald man in die Seitenstrassen kommt, wimmelt es von Leuten und Tieren. Von Pferden, Eseln und Ochsen. Sie ziehen zweirädrige und vierrädrige Wagen, manche sind so klapprig, dass man befürchten muss, sie fielen beim nächsten Loch im Strassenpflaster auseinander. Bäuerinnen tragen Hühner und anderes buntes Federvieh in Holzkäfigen oder an den Füssen zu Bündeln geschnürt zum Markt; Knechte treiben Schafe, Ziegen oder ein paar Schweine vor sich her. Sogar Esel werden mitten auf der Strasse gemolken. Luigi hat mir gesagt, dass es Leute gibt, die für frische Eselsmilch einen guten Preis bezahlen. Immer wieder begegne ich jungen Männern und Burschen, die zu zweit oder in Gruppen umherziehen. Sie tragen dicke weisse Wollsocken und stecken in schweren Schuhen. Und über ihren Schultern baumeln prall gefüllte Leinenbündel. Das sei ihr ganzes Hab und Gut, hat man mir gesagt. Es sind überzählige Bauernsöhne, die in die Stadt kommen und Arbeit suchen. Rom ist wie ein grosser Suppentopf, von dem alle essen wollen.»

Luigi hatte ihr von früher erzählt, als er und seine Brüder nach Rom zogen. Vom elterlichen Haus und der Fabrik in Turin, wo er als Bub stundenlang den Webstühlen zusah, im Garten am Fluss spielte, manchmal allein mit Flusskieseln im Schatten der alten Laubbäume, manchmal mit den Brüdern Verstecken. Die Tuchfabrik des Vaters lag am noch jungen Po am Rande der Stadt. Die Familie wohnte im Seitenflügel. Die drei Jungen lebten abgeschirmt vom Durcheinander rundherum. Erst als die Webstühle stillstanden, die Fabriktore geschlossen blieben, die Arbeiter und Angestellten entlassen waren, wurden sie aus ihren Träumen gerissen. Im Strudel des allgemeinen Niedergangs ging auch die väterliche Fabrik unter, sie ging Konkurs.

Dem Vater sei das sehr nahe gegangen, sagte Luigi. Er habe das Fallieren als sein persönliches Versagen verstanden. Vor allem, weil seine Leute nun Arbeit und Einkommen verloren hätten. Er habe eine Herzattacke erlitten und sei bald darauf gestorben. Die Mutter, die mit der Fabrik direkt zwar nie etwas zu tun gehabt hatte, die aber immer, was den Vater bewegte, wie ein Seismograph an seiner Seite mitfühlte und mitlitt, starb zwei Jahre nach seinem Tod ebenfalls. Luigi gab ihr als ältester sein Ehrenwort, dass er für seine jüngeren Brüder mit ganzer Kraft und umsichtig sorgen, sich dem Fortbestand der Familie widmen und ihren finanziellen Hintergrund sichern werde.

Inzwischen achtzehn Jahre alt, verkaufte Luigi, was noch zu verkaufen war und zog mit Francesco und Emilio, den beiden Schutzbefohlenen, in die Hauptstadt. Niemand hatte dort auf sie gewartet. Von überallher strömten sie zu Tausenden herbei: Beamte, Hoteliers und Händler, Handwerker und Bauunternehmer samt Familien.

Das vereinigte Königreich Italien war noch jung, als die Brüder Perin Mantello versuchten, Fuss zu fassen. Anfänglich wohnten sie alle drei in einem Zimmer. Bertha müsse wissen, erklärte ihr Luigi, dass Italien aus einem Flickenteppich unzähliger Fürstentümer und Königreichen hervorgegangen sei, und zwar durch blutige Kämpfe, Bürger- und Bandenkriege. Rom habe man besetzt, den Papst in die vatikanischen Gemächer verbannt und den Kirchenstaat einverleibt. «Giuseppe Garibaldi war der Kopf der italienischen Einigungsbewegung, *risorgimento*. Keine Stadt, kein grösseres Dorf, das nicht einen Platz oder eine Strasse hat, der oder die seinen Namen trägt.»

Obschon kein urbanes Gebilde wie Paris oder London, sondern eine Ansammlung von Palästen, Kirchen und antiken Monumenten, die ein paar mächtigen Geschlechtern gehörten, wurde Rom 1870 Hauptstadt. Die reichsten und mächtigsten, die Boncompagni Ludovisi, besassen die halbe Stadt sowie sagenhafte Ländereien und zahlreiche Schlösser und Villen in der Umgebung. Der Haupterbe, Rodolfo Boncompagni Ludovisi, Prinz von Piombino, machte sein Imperium umgehend zu Geld. Ihm bezahlte König Vittorio Emanuele II. für die Villa Pinciana, einzige standesgemässe Residenz, eine Jahresmiete von vierzigtausend Lire. Ferner verkaufte er Bauplatz um Bauplatz, auf denen sich eine Stadtvilla nach der anderen erhob, umgeben von Gärten und Parkanlagen. Sein Vermögen floss dabei in die Società Generale Immobiliare, deren Mitbegründer er war. Für den Boden, den er für den Bau eines Bürgerquartiers dem römischen Patriziat verkaufte, löste der Prinz von Piombino acht Millionen Lire in bar. Für den Abbruch der Porta Salaria und die Öffnung der aurelianischen Mauer wurde er von der Gemeinde Rom um dreitausendeinhundert

Quadratmeter enteignet. Um die Ministerien und den Beamtenapparat in den alten Monumentalbauten unterzubringen, wurden ganze Schneisen in die historischen Quartiere geschlagen. Nirgends war für die Zugewanderten vorgesorgt. In Scheunen und Palazzi, die der junge Staat beschlagnahmt hatte, wurden sie provisorisch einquartiert. Es herrschte grosse Wohnungsnot. Rom war eine einzige Baustelle. Aber schon 1888 platzte die Immobilienblase, und zweihundertfünfzig Baustellen hinterliessen klaffende Baugruben und Bauruinen.

Hochzeit und trautes Heim

Die ersten Fuhrwerke rumpelten übers Pflaster. Die Stadt erwachte. Wie in Ragaz verliess Bertha das Haus meist in der Morgendämmerung. Aus den Bars, wo die ersten Gäste zum Morgenkaffee an der Theke in den Morgenausgaben blätterten und Putzfrauen die Böden schrubbten, roch es nach Chlor und Salmiak, und von den Kohlekellern stieg Modergeruch herauf. Die Gehsteige waren noch feucht. Zwei streunende Hunde balgten sich um eine tote Ratte. Gerüche nach verdorbenem Fisch und Gemüse vermischten sich mit dem penetrant süsslichen Duft, den Jasmin und Alycanthus verströmten, die hinter vermoosten Mauern in den Parkanlagen der Villen wuchsen.

Sie war stolz, in einem der ersten Hotels am Platz für das Wohl der Gäste zu sorgen. Das Haus an der Ecke Via Veneto/Via Buoncompagni war brandneu mit einer Kuppel, die wie Eiscreme im Cornet über der abgerundeten Ecke schwebte. Luigi sah sie bereits, bevor sie voll Elan durch die gläserne Schwungtür trat. Seine Position des Chefconcierge galt fast so viel wie die eines Direktors. Seine Freunde und Bekannten nannten Luigi Perino. Er war *un personnaggio*, eine Persönlichkeit.

Perinos Arbeit hörte weder vor der Hoteltüre noch am Abend und an den Wochenenden auf. Er öffnete nicht nur Türen und schüttelte Hände, gab Anweisungen für den Zimmerbezug und die Ablieferung des Gepäcks. Auf Wunsch besorgte er auch Karten für Konzerte und Theater, Bahnbillette, erteilte Ausflugstipps, vermittelte Kontakte zu Bankdirektoren, Industriellen, Diplomaten, Beamten, Politikern sowie zum Klerus. Manchmal war er zudem Vermittler für ein schnelles Rendez-vous oder bezahlte Liebesdienste. Das alles wurde sehr gut honoriert. Er kannte viele Beamte an wichtigen Stellen im Dickicht der Bürokratie persönlich, die, wie der Volksmund sagte, eine schwerfällig träge *lentocrazia* war. Doch dieser Langsamkeit zum Trotz kam rasch voran, was er in die Hände nahm. Dank und kraft seiner Position hatte Perino die Fäden zu einem eigenen weiten Netz geknüpft, das den Angehörigen des Clans, die sich in prekärer Lage befanden, aus der Patsche half. So verschaffte er seinem arbeitslosen Bruder Francesco innert kurzer Zeit einen gut bezahlten Posten in der Finanzverwaltung. Und Emilio, der lieber seine Hände gebrauchte, fand dank seinem Bruder eine Stelle als Stuckateur in einer renommierten Baufirma. Freilich war auch Berthas Einstellung im Hotel Excelsior nur eine Formsache.

Anfangs wurde Bertha als Gouvernante in der Lingerie eingesetzt. Später, als sie die italienische Sprache besser verstand, auf den Etagen, und ab und an wurde ihre nunmehr Viersprachigkeit für besondere Dienste in Anspruch genommen. Sie liebte ihre Arbeit, kümmerte sich mit unerschöpflichem Eifer um jedes Detail, überwachte den Wechsel der Zimmer und Wäsche, huschte über Dielen, hastete die Treppen auf und ab. Oft war sie in Gedanken schon bei der nächstfolgenden Aufgabe. Ihre fürsorglich strenge Art machte sie beim Personal rasch beliebt, obschon die eine oder andere Kollegin enttäuscht war, dass sich der Chef eine Ausländerin geangelt hatte. Dass sich die jungen Frauen manchmal mit todernsten Gesichtern über sie lustig machten, weil sie Worte falsch betonte und damit deren Sinn veränderte, wenn sie etwa *penne* meinte, also Federn oder federartige Teigwaren, aber *pène* sagte, was Penis bedeutete, merkte Bertha allerdings nicht. Für sprachliche Feinheiten reichte ihr Italienisch, obwohl sie rasch Fortschritte machte, noch nicht aus.

Allmählich wurde sie mit der Stadt vertraut. Wann immer sie Zeit dafür fanden, führte Luigi ihr Roms Reize und Abgründe vor. In der flauen Saison, wenn das Hotel praktisch leer stand, spazierten sie in den Parks, im Garten der Villa Borghese, dem Pincio mit dem kleinen See, am Tiber entlang und schauten den Waschfrauen zu. Genossen den Rundblick von der Promenade des Gianicolo aus über die Dächer der Stadt, aus denen ein Heer von Kirchtürmen und Kuppeln ragte, wie Speerspitzen und überdimensionierte Brüste aus einem steinigen Meer. Liessen ihren Träumen freien Lauf, erzählten sich gegenseitig Geschichten von früher, malten Zukünftiges aus und kamen sich näher.

Bertha konnte es kaum erwarten, den Vatikan mit eigenen Augen zu sehen. Der kolossale Platz vor St. Peter, über dem übermenschlich riesige Heiligenstatuen thronten, verursachte ihr Hühnerhaut. Überhaupt erschien ihr alles noch grösser, noch schöner, als sie geträumt hatte. Eine solche Zahl Geistlicher, Ordensleute, Mönche, schwarzberockte oder in härenen Gewändern, barfuss und barhäuptig, Nonnen mit Hauben, die sie noch nie gesehen hatte. Endlich stand sie vor ihren Landsmännern, den Gardisten in ihren Pluderhosen bunt wie Papageien. «Das sind die Farben der Medici», erklärte Luigi. In ihren Augen sahen sie wie Buben aus, die zu wenig an die Sonne kamen. Drinnen im Dom, hinter der mächtigen Tür, rang sie, überwältigt von so viel Prunk, nach Luft. Und überall Kerzen. Schauer liefen ihr den Rücken hinab. Sie war beinahe erleichtert, als sie wieder draussen waren.

Zurück in der Stadt, schlenderten sie durch alte Quartiere, bis die Füsse schmerzten. Überall lag die Geschichte offen zu Tage, Trümmer glorreicher Vergangenheit: mächtige Blöcke und Säulen, meist mehrere Meter unter dem heutigen Niveau. Wo der Platz fehlte, und dieser fehlte ohnehin überall, stellte man Barock- und Renaissancepaläste auf mittelalterliche Fundamente, schichtete christliche Kirchen über vorchristliche Kultstätten und solche aus der Antike. Sie stapften durchs gigantische Kolosseum, die Kaiserforen und das Forum Romanum. Auch zeigte Luigi ihr die *Cloaca Maxima*, wo sich die Abwässer im antiken Rom gesammelt hatten. Dabei liess er sich von Berthas zierlicher Nase entzücken, die sie beim Gedanken an den stinkenden, dampfenden Sumpf und Krankheitsherd maliziös rümpfte.

Wenige Wochen nach ihrer Ankunft feierten Bertha und Luigi Verlobung. Ins Tagebuch notierte sie: «Roma, 5 aprile 1909: Ich hätte nicht gedacht, dass alles so schnell geht. In einer Woche bin ich verlobt, versprochen, *promessa*. Ich bin glücklich. Die goldenen Ringe hat mir Luigi heute gezeigt.»

Alles detailgetreu zu schildern, Eindrücke, die sich in ihrem Kopf verknäuelt hatten, dazu fehlte ihr die Zeit. Auch hat sich das Bild ihrer Schrift gewandelt, sie ist weicher und flüssiger geworden, die Abstriche weniger prägnant.

Verlobt, versprochen. Bertha ahnte bereits, was es bedeutete, in eine italienische Familie einzuheiraten. Ahnte, was man von ihr erwartete. Sie sah, wie die Rollen in der Familie, der sie zugeführt wurde, verteilt waren. Von ihr, der jungen Frau aus der Schweiz, die in gesunder Kurluft aufgewachsen war, erhoffte man reichen Kindersegen. Denn einer italienischen Familie konnte nichts Schlimmeres geschehen, als im männlichen Stamm zu verlöschen. Damit verlöre jeglicher Besitz seinen Sinn. Auf ihr lastete das Weiterbestehen des Clans, der wie Pech und Schwefel zusammenhielt. Sie war die Zukünftige des Haup-

Luigi Perin Mantello, Passfoto um 1913.

tes, des Ältesten. Sie verkörperte die Zukunft der Familie. Man fasste sie mit Samthandschuhen an und hegte sie wie ein Kleinod.

Im Juni wurde eingelöst, was versprochen worden war. Mit dem Segen eines der Familie nahestehenden Priesters tauschten Luigi und Bertha die Ringe in der Kirche S. Andrea della Valle. Zur Feier waren Berthas Mutter und der jüngste Bruder Emil, von seinen Geschwistern heftig beneidet, angereist. Vater Looser blieb ebenfalls zu Hause. Es war das erste Mal, dass seine Edwina verreiste und ihn, Haus und Dorf für mehrere Tage zurückliess.

Das Hochzeitsfest, für römische Verhältnisse unüblich klein, was die Anzahl Angehöriger und Freunde betraf, fand in gediegenem Rahmen in einem der eleganten Separee des «Excelsior» statt. Edwina Looser hatte ihren Lebtag noch nie so vornehm gespeist. Sie wagte sich kaum zu rühren. Auf silbernen Platten und in silbernen Schüsseln wurde das Festmahl aufgetragen. Nach verschiedenen *Antipasti* gab es überbackene Artischockenravioli. Als Hauptgang folgten Kalbsnieren in Mandarinen-Sauce mit verschiedenen Beilagen. Und die Nachspeise, getrüffelte Kirschencrème, wurde mit erlesenem Gebäck serviert.

Der zwölfjährige Emil und seine Mutter wunderten sich über die Wortkaskaden der neuen Verwandten. Obschon Luigi immer wiederholte, dass Berthas Italienisch noch in den Kinderschuhen stecke und sie erst wenig verstünde, ergoss sich der Redefluss über die junge Braut. Es dauerte eine gute Weile, bis sich der Junge getraute, von seinem Teller aufzuschauen und die gehemmte Stimmung sich etwas löste. Erst als Emilio für seinen kleinen Namensvetter den Clown machte, wagte der kleine Emil in die fremden Gesichter zu schauen und lächelte scheu. Auch Francesco sass schweigend da, bis Loredana, seine Verlobte, im Duett mit Gelsomina in schallendes Lachen ausbrach und die ganze kleine Hochzeitsgesellschaft ansteckte, so dass selbst über Edwina Loosers faltiges Gesicht ein Lächeln huschte.

Wie es der Brauch war, verschwand das Hochzeitspaar nach dem Mahl, während die Gäste noch weiter feierten.

Ruhe kehrte ein. Die Verwandten reisten ab.

Ins Tagebuch schrieb Bertha: «Ohne die Peterskirche gesehen zu haben, konnten Mutter und Emil nicht nach Hause fahren. Es ging ihnen wie mir. Sie kamen aus dem Staunen nicht mehr heraus. Für Emil waren die Kutschen mit den glänzenden Pferden und natürlich unsere Gardisten der Höhepunkt. Auch den Obelisken bestaunte er. In Ragaz werden sie bestimmt mit Fragen überschüttet, ob sie nun den Papst oder zumindest einen Kardinal gesehen hätten. Luigi konnte nicht mit zum Bahnhof kommen. Er musste Vorkehrungen treffen für unsere Reise, damit im Hotel auch alles ohne ihn klappt, wenn er weg ist. Dafür begleitete uns Emilio und spielte seinem Namensvetter nochmals sein ganzes Repertoire an Faxen und Spässen vor. Nun lerne ich endlich Palombara, die Kirschenstadt, kennen, und das mitten in der Kirschenerntezeit. Wie freue ich mich. Aber ich bin auch etwas bange.»

Nach der Hochzeit gab Bertha ihre Stelle im Hotel auf. Dass es sich nicht schickte als Gattin Luigis weiterhin Geld zu verdienen, wenn es nicht notwendig war – und das war es nun tatsächlich nicht –, das hatte sie von Anfang an gewusst.

Luigi hatte eine nicht sehr grosse, aber bequeme Vierzimmerwohnung gekauft, im vierten Stock eines *Condominio* in der Nähe der Porta Pia. Die Möbel aus schwerem, lackiertem Edelholz ähnelten dem Interieur des «Excelsiors». Vom Treppenhaus mit den weit ausladen-

Bertha Looser (rechts) und eine Freundin oder Verwandte, Atelieraufnahme um 1908.

den Marmortreppen und Mahagoni-Handläufen gelangte man direkt ins Wohnzimmer, das neben der Küche lag. Beide Räume mit je einem Balkon waren der Via Piave zugekehrt, das Wohnzimmer bot zudem Ausblick auf den grossen Park des Klosters der *Ancelle del Sacro Cuore*. Später baute der Orden der Brautjungfern des Heiligen Herzen Jesu in den grünen Umschwung eine Klosterkirche sowie ein Krankenhaus, das von den Schwestern betreut wurde. Die beiden Schlafzimmer gingen auf den Hinterhof mit den Loggien, wo sich auch die Toiletten befanden. Solange die Nachkommenschaft fehlte, sollte Emilio mit ihnen den Tisch teilen und im kleinen Zimmer logieren. Bertha besorgte auch seine Wäsche. So hatten Francesco und Loredana – ihre Hochzeit stand kurz bevor – die kleine Wohnung nun für sich allein.

Strassenseitig tat der ockerfarbige *Condominio*, als konkurrierte er mit den umliegenden Palästen. Zwei Halbsäulen flankierten die vornehme Fassade. Der Durchgang führte in den Hinterhof, wo zwei weitere Türen die hinteren Wohnhäuser erschlossen. In einem Gewirr von Leinen, die von den Loggien aus über Rollen hin und her gezogen wurden, trocknete immer irgendwo Wäsche. Der Hof war mit dickem Glas und einer kühnen Gusseisenkonstruktion überdacht, die je nach Witterung geöffnet werden konnte. Meistens warteten eines oder zwei Pferde auf ihre Besitzer, die in diesem an die fünfzig Wohnungen fassenden Häusergeviert jemanden besuchten oder Waren anlieferten. In den überfüllten Eimern und Tonnen faulten Küchen- und andere Abfälle wochenlang dahin, so dass den Hausmauern entlang ein kräftiger Gestank zog.

Die Wohnung im Rione Sallustiano, einem antik römischen Stadtteil innerhalb der aurelianischen Festungsmauer, lag günstig. Luigis Arbeitsweg dauerte eine knappe halbe Stunde zu Fuss, den Mauern und Gartenzäunen der Villen und villenartigen Wohnblöcke der Via Buoncompagni entlang. Mit ihm wälzte sich ein Strom von Beamten durchs Quartier. Die Gegend wurde nicht nur vom Beamtenadel und Grossbürgertum bevorzugt, auch zahlreiche Ministerien, unter andern das grösste, das Kriegs- und Finanzministerium, hatten hier Domizil.

Der morgendliche Besuch seiner Bar auf halbem Weg gehörte für Luigi zum täglichen Ritual. Während er an der Theke aus dunkel lackiertem Holz mit Messingbeschlägen in den Spalten des «Messaggero» und des «Osservatore Romano» stöberte, schlürfte er genüsslich den ersten Kaffee. Ab und an strich er mit dem Finger, an dem ein tief blauer Stein in der goldenen Fassung glänzte, über seinen exakt geschnittenen Schnurrbart und blickte über den Zeitungsrand. War ihm danach zumute, steuerte er seinen Kommentar zur Diskussion bei, an dem sich auch der Barmann beteiligte, und nahm den neusten Römer Klatsch zur Kenntnis. Im Kreis der immer gleichen Gäste fühlte er sich familiär und genoss seinen Ruf als einflussreiche Person, hier war er Perino.

Obwohl sich Bertha eine Dienstmagd hätte leisten können, stürzte sie sich selbst in die Hausarbeit. Allein die Vorstellung, eine fremde Person würde in ihr Allerheiligstes, das Schlafzimmer, dringen, war ihr ein Graus. Als sie selber noch in fremden Häusern diente, kam ihr das immer wie etwas Ungehöriges, wie eine Verletzung der Privatsphäre vor. Die Pflege des Haushaltes füllte ihre Tage aus. Sie kochte gern und gut. Von Ehrgeiz getrieben, sich von einer Römerin möglichst durch nichts zu unterscheiden, lernte sie schnell und begierig und merkte sich, wie alles auf Italienisch hiess. Dafür änderte sie sogar ihre Vorlieben im Essen, gewöhnte sich an bitteres Gemüse und starke Gewürze. Was ihr an Bildung fehlte, holte sie nach, erweiterte das Grundwissen, das sie mit Lisette in London angelegt hatte, las sich Buch für Buch durch die Geschichte und Kultur Roms, und täglich las sie die Zeitung. Abends informierte Luigi sie über das Neueste, das den Hinterzimmern der Politik und des Klerus entschlüpfte und in den Salons die Runde machte. Bald stand sie auf Augenhöhe mit den Frauen des gehobenen sozialen Milieus, hatte das Ziel der *borghesia* erreicht: Die gute Partie, das standesgemässe Leben, saubere grosse Zimmer, fehlte nur noch die Familientafel unter dem Lampenschirm im geräumigen Essalon mit der geblumten Tapete und der Mahagoni-Kredenz, an der drei bis vier Kinder die *minestra* löffelten.

Berthas Garderobe wuchs Stück für Stück. Ihr Kleiderkasten war zum Bersten voll. Sie verbrachte Stunden bei der Schneiderin, wo sie die Stoffe für Kleider, Jacken, Blusen, Röcke und Mäntel sorgfältig auswählte, liess sich vom Schuhmacher die neusten Modelle schustern, und bei der Hutmacherin probierte sie die verrücktesten Hüte und prüfte ihre Wirkung kokett vor dem Spiegel. Tauchten Erinnerungen an die Ermahnungen der Mutter auf, sie dürfe nicht hoffärtig sein, wischte sie diese rasch weg. Stattdessen stellte sie sich Luigis Strahlen vor, wenn er bewundernd ihre Taille umschlang. Sie müsse unbedingt zum Fotografen, fand er, als sie ihm das neue, bis unters Kinn hochgeschlossene, schwarze lange Kleid aus dezent schillerndem Taft vorführte, das ihr wie angegossen stand und ihren Busen perfekt zur Geltung brachte, dazu die passenden, eleganten schwarzen Schuhe und der voluminöse Hut, der ihren makellosen weissen Teint betonte. Morgen schon werde er einen Termin bei einem der besten Fotografen der Stadt vereinbaren und für den akkuraten Schmuck sorgen. Eine fein geschaffene silberne Halskette verleihe ihrem Aussehen wohl am besten den letzten Schliff.

Bertha scheute für eine perfekte Erscheinung keinen Aufwand, wenn Luigi sie in ein feines Speiselokal ausführte, oder sie ihn zu einem Bankett begleitete, das für einen Politiker, einen wichtigen Vertreter der Kurie oder einen Industriellen veranstaltet wurde. Wie die anderen Frauen ihres Standes besass sie für jede Gelegenheit die passende Umhüllung. Damit demonstrierte sie ihre Zugehörigkeit zum Bürgertum. Sie fühlte sich jetzt ganz als Städterin und Römerin. Sie hatte ihr Ziel erreicht. Ihren Traum verwirklicht.

Am allerliebsten war ihr jedoch das Einkaufen auf dem Markt. Gewöhnlich machte sie sich frühmorgens auf den Weg, damit sie, vor allem im Sommer, rechtzeitig vor der Gluthitze wieder unter Dach war. Vor ihrem Haus rollten pausenlos die Fuhrwerke auf und ab. Die kleineren wurden von Hand gezogen, vor die grösseren waren Ochsen gespannt. Die wandernden Bauern und Händler boten ihre Waren mit lauten Stimmen feil. Die Via Piave, eine Art Wurmfortsatz der alten Salaria, war seit jeher sehr belebt. Ganz in der Nähe ihrer Wohnung mündete sie unweit des Kriegs- und Finanzministeriums in den breitspurigen Boulevard der Via XX. Settembre. Dort an der Ecke traf sie regelmässig «ihre Bettler», eine Frau und einen Mann, denen sie Esswaren brachte. Einmal waren es Eier, Brot, Früchte, das andere Mal Reste aus der eigenen oder Leckereien aus der Hotelküche, mit denen Luigi sie reichlich versorgte. Sonntags gab sie den Ärmsten etwas Geld. Das war sie ihrem sozialen Gewissen schuldig.

Es gab die kleinen Märkte in den Strassen und den grossen in der Markthalle, wo die Farben mit den Gerüchen konkurrierten. An den wunderlichen Formen der Meerestiere, den Bergen von Muscheln, Krebsen, Tintenfischen sah sich Bertha genüsslich satt; nur mit dem

Via Piave: Wohnung von Bertha und Luigi im zweiten Haus, im vierten Stock.

Hummer, der noch zuckte, empfand sie Mitleid. Sie hatte ihre Lieferanten, die ihr stets aus der *Campagna* berichteten. Und sie hatte zu feilschen gelernt und begriffen, dass die besten Waren, die feinsten Fische, das zarteste Fleisch und prächtigste Gemüse bereits um neun Uhr ausverkauft waren. Darum liess sie sich Luigis Leibspeise, den *spada*, den Schwertfisch, stets zeitig wägen und einpacken.

Ab und zu leistete sie sich den weiteren Weg zum Markt auf dem Campo de' fiori. Der grosse Fisch- und Gemüsemarkt auf dem quadratischen Platz war schon damals berühmt. Seine Häuserfassaden schwelgten im Morgenlicht in allen möglichen Ockertönen, da weinrot, dort schon stark verwittert und pelzig-grau untermalt, wo die Sonnenstrahlen direkt auftrafen, leuchteten die Farben wie das Fleisch reifer Aprikosen, dann wieder sahen sie aus wie getrocknetes Blut. Die Platzmitte überragte die von Tauben verkotete Bronzestatue von Giordano Bruno. Obwohl mehr als drei Jahrhunderte vergangen waren, seit der ketzerische Denker hier öffentlich verbrannt wurde, erklärten die Marktleute allen, die es wissen wollten, wer dieser Erbarmungswürdige gewesen war. Die verderblichen Waren karrten sie aus der Campagna von Hand her in wackligen Gefährten, zusammengezimmert aus einem Holzgestell und ein paar Brettern auf zwei mit Eisen bereiften Rädern. Es herrschte lautes, aber gemächliches Treiben. Die Marktfrauen zupften gemütlich welke Blätter von Salat und Blattgemüse, schichteten Äpfel und Kirschen zu eindrücklichen Pyramiden. Die Männer an den Fischständen streiften Schuppen ab und breiteten allerlei Meeresgetier auf ihren Brettertischen aus. Bertha sah amüsiert zu, wie ein Junge seine Mutter, die ein paar Pilze auf ihrem Karren feilbot, in die Waden kniff und lachend zwischen Tischen und Wagen entwischte, als ihn die Frau kreischend zu packen versuchte.

Meistens traf sie vor zehn Uhr wieder zuhause ein. Bevor sie die neunzig Treppenstufen hinaufstieg, liess sie sich auf einen Schwatz mit den Portiersleuten ein. Die Pförtnerloge war Tag und Nacht besetzt. Obschon mit einer Glasfront ausgestattet, damit der Eingang von jedem Punkt aus überblickbar blieb, war die Loge düster, weil sich der Hauseingang im Durchgang zum Hinterhof befand. Hier sammelten sich die Neuigkeiten des Tages, klagte man über Teuerung und den nimmersatten Staat mit seinem Beamtenheer. Das Portierpaar machte

Campo de' Fiori: täglicher Markt.

Alleingelassenen, Witwern und Witwen Mut, war mit allen und allem vertraut, kannte die Neigungen der Hausbewohnerinnen und wusste die Namen ihrer Verwandten und Freunde. Im Laufe der Jahre hatten sie den Blick fürs Alltägliche und das Besondere geschärft, waren in der Lage, sich an Hunderte von Gesichtern zu erinnern. Das Haus war wie eine grosse Familie. Die Pförtnerin änderte und flickte nebenbei gegen ein kleines Entgelt die Kleider der Hausbewohnerinnen. Bertha brachte ihr Röcke zum Säumen, schadhafte Hemden, Socken und Strümpfe zur Reparatur. Der Pförtner hielt neben der Hauswartung als Gärtner den Umschwung einiger Villen in der Umgebung instand.

Nachdem Bertha über das Neuste informiert war, stieg sie die Treppen hoch, hielt auf jeder Etage kurz an, stellte die vollen Körbe vor sich hin und verschnaufte. Bevor sie sich ans Rüsten und Kochen machte, gönnte sie sich einen Augenblick auf dem Balkon, genoss es,

Gesicht und Arme von der Sonne zu wärmen, während von der Strasse herauf das muntere Gemurmel, dazwischen lautes Rufen, an ihr Ohr drang. Sie begoss die durstigen Gewürzkräuter mit dem sonnengewärmten Wasser und atmete den Duft des Rosmarins. Noch standen nicht alle zartblauen Blüten offen. Dafür verströmte der kräftig gewachsene Basilikum seinen typischen Pfeffergeruch.

Ihre Tage waren ausgefüllt. Und ihre Kost war beliebt. Nicht selten verwöhnte Bertha auch die Schwägerin und den Schwager, Francesco und Loredana. Emilio sass ohnehin immer am Tisch. Werktags ass man in der Küche. Sonn- und feiertags musste es dagegen gediegener sein. Dann deckte Bertha den grossen Tisch im *Salotto* mit feinem Batist und zog eines ihrer besseren Kleider an.

Erste Risse im Glück

Hatte er Gäste aus anderssprachigen Ländern, bestellte Luigi Bertha ins Hotel. «Wir brauchen wieder einmal deine wunderbaren Sprachkenntnisse», schmeichelte er. «Es sind drei Geschäftsherren aus England eingetroffen. Ich habe für sie die gewünschten Termine arrangiert. Du sollst sie zum Sekretär des Bauministers begleiten. Allein fänden sie den Weg nur schlecht. Und du machst das immer so gut.» Für Bertha war es jedes Mal ein Vergnügen, fremdländischer Kundschaft Rom zu zeigen, sie an Orte zu führen, die sie selber gern mochte.

An solchen Tagen begleitete sie Luigi zum «Excelsior». Es machte sie stolz, die *cicerona* zu spielen und mit ihren inzwischen präzisen Ortskenntnissen und Geschichten von früher, von Adligen etwa und Päpsten, die Gäste zu verblüffen. Wenn die Zeit reichte, ging sie durch ihr besonders lieb gewordene Strassen und Plätze, nahm Seiten- und Umwege und wählte, wie im Fall des Bauamtes, die Via Ludovisi, wo die Villen der Superreichen standen und ab und an einen Blick freigaben in die prunkvollen Parkanlagen, in denen exotische Gewächse hinter hohen Mauern gediehen.

Sie liebte diese Stadt, die alles und alles nah beieinander besass: das Heilige und das Verruchte. Und überall lag die Geschichte offen zu Tage. Sie liebte den Ausblick von den Hügeln über die Dächer, die Nähe von St. Peter, sie versprach Geborgenheit und ein wenig den Himmel. Sie liebte ihr Quartier, die Via Piave, das Leben im Wohnblock. Ragaz war aber deswegen nicht verblasst. Inzwischen beherrschte Bertha auch den leicht schleifenden Römer Dialekt, konversierte mit allen und über alles, was immer in ihren Kreisen zur Sprache kam, füllte unermüdlich Bildungslücken.

Auch genoss sie die neugierigen Blicke, wenn sie herausgeputzt durch die Gassen schlenderte, sich die Köpfe ihrem breitkrempigen schwarzen Hut mit den Maschen darauf zuwandten, der ihr fein gezeichnetes Gesicht umrahmte, und sie im neuesten, in die Taille geschnittenen Kostüm, das ihre Figur betonte, musterten. Sie kleidete sich mit Bedacht modisch, aber nicht allzu auffällig. Allerdings musste sie, wollte sie mit den gut gekleideten Römerinnen mithalten, einiges in Kauf nehmen. Ihre kleinen Füsse etwa, die in elegantem, handgefertigtem Schuhwerk steckten, waren nach einem längeren Gang meist wundgescheuert, so dass sie, zuhause eingetroffen, die Schuhe ausziehen und ihre Blasen und Hühneraugen pflegen musste. Auch das Korsett schnürte sie bedenklich ein und stockte ihr die Atemluft; wie in eine Schachtel gepresst fühlte sie sich dann, aus der oben und unten noch ein Rest Leben quoll. Dabei bohrten sich die harten Fischbeinstäbe beim Sitzen in Oberschenkel und Achselhöhlen. Aber *far bella figura* gehörte nun einmal zum römischen Lebensstil. Die Landpomeranze hatte Bertha längst abgestreift.

Fand Luigi, sie habe genug in der Küche gestanden, führte er sie zum Essen aus. Dann auch an Feiertagen. In der *Trattoria* um die Ecke, unweit ihres Zuhauses waren sie Stammgäste. Sie befand sich an der Via Flavia, einer noch mit den altrömischen Rhomboiden gepflasterten Quartierstrasse, an der sich Lebensmittelläden, Handwerksbuden und Gaststätten reihten. Die *Trattoria* mit dem Namen ihrer Besitzer gab es erst seit kurzer Zeit. 1912 hatten die drei Brüder Quattrocchi das einfache Gastlokal im Erdgeschoss des elterlichen Hauses eröffnet. Italien hatte soeben den Krieg gegen die Türken gewonnen und Libyen einverleibt. Es war eine Zeit allgemeiner Euphorie und Hoffnung auf wirtschaftlichen Aufschwung.

In der *Trattoria* Quattrocchi wuselten drei Generationen herum. Ein typischer Familienbetrieb. Wer Beine und Hände hatte, wurde eingespannt. Leone, der älteste, kümmerte sich um den Keller, Flavio besorgte die Einkäufe und Galtiero, der jüngste, servierte. Die Nonna hütete die Kasse und behielt die Eingangstür mit dem ziselierten Glas im Auge. Und der Grossvater hielt draussen auf der Bank Audienz, palaverte mit anderen Alten und sog an seiner Pfeife. Traten Luigi und Bertha in sein Blickfeld, erhob er sich, hiess die Perin Mantellos herzlich willkommen und wollte von Luigi wissen, ob auf Wein und Tabak schon wieder neue Steuern erhoben würden. Und was sonst noch für Unwägbarkeiten in Aussicht ständen. Denn der beinahe bankrotte Staat erhob ständig neue Steuern. Auch die Nonna wälzte sich hinter dem Kontor zur Begrüssung hervor.

Während Galtiero die beiden an ihren bevorzugten Tisch geleitete, leierte er das Menü in hohem Tempo herunter – eine Speisekarte gab es nicht, so dass Bertha ihn anfänglich bitten musste, die Litanei zu wiederholen, aber bitte schön, langsamer. Nach wenigen Monaten war dies nicht mehr erforderlich. In der familiären Atmosphäre liessen sich Bertha und Luigi gerne die Hausspezialität, den *zampone*, die gekochte und gefüllte Schweinshaxe, schmecken.

Maria, Galtieros Frau, arbeitete auf der Marmorplatte am Holztisch hinter der Kasse, knetete und wallte den Pastateig aus, würzte den *sugo* und schlug die *bistecche* mürbe. Über ihre türkisfarbene Kleiderschürze hatte sie eine weitere weisse gebunden. Mit dem weissen Spitzenhäubchen auf ihrem pechschwarzen Haar sah sie wie eine Prinzessin aus. Brutzelte und dampfte es aus allen Pfannen und Herdlöchern des brandschwarzen gusseisernen Holzherdes, entschwand ein Teil des Dampfs und Rauchs in den offenen Gaststubenteil zum Fenster hinaus. Den Rest schluckte der weiss gekachelte Kamin, der sich in unbestimmte Höhen verlor. Darum waren die Wände, auch wenn sie jedes Jahr frisch geweisselt wurden, nach kurzer Zeit russgeschwärzt. Der Weisswein kühlte im Abwaschtrog unter laufendem Wasser.

Mario, der einzige Sohn Marias und Galtieros, packte schon kräftig zu und half, bevor er sich mit den Kindern des Quartiers herumtreiben durfte, Kartoffeln und Karotten schälen, füllte Wasser und Wein in die Krüge, machte Botengänge, schleppte Holz für den Herd und manchmal erlaubte ihm Mutter Maria, die Vitrinen links und rechts der Eingangstür zu bestücken; dann schichtete der Junge Orangen und Zitronen, Tomaten und Knoblauchknollen zu Pyramiden. Lieber noch spielte Mario mit seinen Freunden im Quartier. Am liebsten in den unterirdischen Gängen und Gewölben des *Sallustiano*, den Überresten der einst prächtigen Villa des Sallust, einem Zeitgenossen Cäsars, der dem Quartier seinen Namen gab.

Eigentlich schwelgte Bertha im Glück, hatte erreicht, wovon andere nur träumten. Nur der grösste Wunsch blieb unerfüllt. Seit ihrer Heirat waren nun schon mehr als zwei Jahre vergangen. Und noch immer war keine Schwangerschaft in Sicht.

«Alle sind so lieb. Und ich werde immer trauriger, obschon ich versuche, dass man mir nichts anmerkt», notierte sie ihren Kummer ins schwarze Buch. «Wenn ich nur wüsste, woran es liegt? Das Schlimmste ist, dass ich mich seit einiger Zeit, wenn Luigi das Licht löscht und sich an mich schmiegt, fürchte, anstatt freue und ganz steif werde. Ich kann mich einfach nicht mehr sorglos hingeben. Dann spüre ich, dass auch Luigi nicht mehr unbeschwert ist. Wahrscheinlich kommt er darum oft erst spät ins Bett. Dann warte ich auf ihn. Manchmal lese ich, um mich wach zu halten, bis meine Augen gerade noch den leeren Buchstaben folgen und mein Kopf aufs Buch sinkt und ich einschlafe. Dann wache ich wieder auf und höre, wie er sich wälzt, schlafe wieder ein und erwache schweissgebadet, stehe auf und wasche mich. An zu wenig Hygiene soll es nicht liegen, wenn ich nicht schwanger werde.»

Luigi erkundigte sich seit Langem nicht mehr nach ihrem Wohlsein. Im ersten Jahr ihrer Ehe getraute er sich noch ab und an zu fragen, ob sich ihre monatlichen Beschwerden eingestellt hätten. Doch als er immer die gleiche abschlägige Antwort bekam und sah, wie es Bertha verlegen machte und schmerzte, hörte er damit auf. Stattdessen überhäufte er sie mit noch mehr Geschenken und Zärtlichkeit. Wenn er da war, war alles gut. In seiner Gegenwart fühlte sie sich trotz allem sicher. Wenn nicht, dachte sie an ihn beim Einkaufen, wenn sie das Menü memorierte, seine Wäsche wusch; sah ihn in jedem Kleidungsstück.

Sie fing an, sich intensiv um ihren Körper zu kümmern, wusch und rubbelte ihn zu jeder Tageszeit, sommers wie winters, von Kopf bis Fuss nach jeder Verrichtung. Nach dem morgendlichen Einkauf legte sie sofort die Kleider ab, ging ins Bad und wusch sich, besprühte ihre Achselhöhlen mit Kölnischwasser oder einem Parfum. Oft mochte sie sich trotz all dem selbst nicht riechen. Die Körperpflege wurde zur Obsession.

Heimlich ging sie von Arzt zu Arzt; der eine riet zu genügend Schlaf und mehr Fisch, der andere verschrieb ein Nervenberuhigungsmittel. Alles vergeblich. Monat für Monat bangte sie. Wünschte, das Bluten bliebe aus. Sie wandte sich an Kirchenleute, Pfarrherren, sprach mit der Äbtissin des Klosters der *Ancelle del Sacro Cuore*. Sie alle erteilten ihr Ratschläge; sie soll nicht aufgeben, meinten sie, sich im Gegenteil hingeben und insbesondere beten, vielleicht auch eine Wallfahrt auf sich nehmen. So fuhr Bertha nach Assisi zu Santa Chiara. Sie war überwältigt. Die Gefährtin des Heiligen Franziskus sah aus wie Schneewittchen, mumifiziert ruhte sie in einer Gruft in einem Sarg aus Glas. Sie bat die Heilige um Beistand, der Himmel möge ihr doch bald ein Kind bescheren. Auch absolvierte Bertha das Pilgerinnen-Pensum in den sieben Hauptkirchen Roms, wo sie die obligaten Rosenkränze betete. Alles umsonst.

Anfänglich hatten alle noch gescherzt, Emilio müsse sich bald ein anderes Dach über dem Kopf suchen und dem Nachwuchs sein Zim-

Kirche S. Andrea delle fratte, erbaut 1659–1665 von Francesco Borromini.

mer abtreten. Doch mit der Zeit verstummten solche Anspielungen. Und alle taten, als wäre alles gut, umsorgten die kleine Schweizerin mit Liebenswürdigkeiten und Handreichungen. Emilio gab sich alle nur erdenkliche Mühe, half ihr im Haushalt, trocknete Geschirr und trug die schweren Wäschekörbe auf die Laube.

Als letzten Versuch, das Schicksal zu wenden, beschlossen Bertha und Luigi, ärztlichen Rat in der Schweiz zu holen. Ein Besuch in Ragaz war ohnehin geplant. Es war Sommer und die Stadt glühte wie immer. Das Geld verlor ständig an Wert, alles wurde teurer und teurer, so dass Luigi und Bertha fanden, es wäre klüger, ihre Ersparnisse dort zu investieren, wo sie nicht so rasch dahinschmolzen: In der Schweiz, in Ragaz, in Berthas Elternhaus, das bis auf die letzten Ziegel verschuldet war. Sie planten, im Dachstock eine kleine Wohnung für sich selber einzubauen, um hier die Sommerfrische zu geniessen, das Erdgeschoss für die Eltern komfortabler herzurichten, die Küche zu erneuern und die Stube mit einem besseren Ofen auszustatten.

Seit Berthas Wegzug vor vier Jahren hatte sich in ihrem Heimatdorf wenig verändert, nur die Farben und Verhältnisse erschienen ihr verschoben. Das elterliche Haus mit dem angebauten Stall war in ihrer Erinnerung viel grösser. Ebenso der Brunnen davor. Und die wie Zünglein geformten Holzschindeln bis unters Dach kamen ihr jetzt deutlich grauer vor. Dafür ragte der Apfelbaum wie ein grosser Schirm weit übers Dach hinaus und war prall voller Äpfel; es gab viel zu viele, so dass der Baum die überzähligen unreifen Früchte abwarf – harte grüne Kugeln, auf denen man sich den Fuss vertreten konnte.

Gottfried Looser trug zur Begrüssung der ältesten Tochter und des vornehmen Schwiegersohnes einen Kittel über dem offenen Hemd. Und Edwina ihr bestes, das dunkle geblumte Kleid mit drapiertem Koller über den Oberarmen und der Brust. Die Zeit hatte ihr ein paar neue Falten ins Gesicht gegraben. Und die feinen, zu einem kleinen Knoten zurückgebundenen Haare durchwirkten einige graue Strähnen mehr. Die schmalen Lippen und der stechende Blick verliehen ihrem sonst feinen Gesicht nüchterne Strenge. Nach wie vor stickte sie Namen, Verzierungen und Bordüren auf Weiss-, Bett-, Tischwäsche und Taschentücher und gönnte sich kaum Zeit auszuruhen.

Auch das Gesicht des Vaters hatte einige Furchen dazubekommen. Und die Adern an den Händen waren dicke Schnüre. Er schien müde.

Noch mehr in sich gekehrt und verdrossen. Schweigsamer. Seine Gestalt, welche die Mutter um Kopfeslänge überragte, hatte etwas an Masse verloren. Er wirkte jetzt knochiger. Doch mit seinen grossen Händen hob er noch immer meterlange zersägte Holzstämme und, falls nötig, mit einem einzigen Arm ein unfolgsames Kind in die Luft und solange über den Brunnenrand, bis dieses Reue zeigte.

Berthas jüngste Schwester Luise – sie war im letzten Schuljahr – fädelte und half beim Ausscherlen und ging der Mutter auch sonst, so gut es ging, zur Hand. Sie und Emil, der eine Lehre in der Dorfschreinerei machte, sowie Gustav, der bei der Seilbahn arbeitete, wohnten noch zuhause. Marie und Wilhelm waren schon seit längerer Zeit ausgezogen. Marie hatte eine Stelle als Stickerin in einer Textilfabrik in Zürich angenommen. Und Wilhelm arbeitete in Sargans bei der Bahn.

Bertha und Luigi logierten im Hotel, nicht im Quellenhof, sondern etwas bescheidener im Löwen. Während sie zuhause mit Erzählen beschäftigt war, spazierte er durchs Dorf, traf alte Bekannte, plauderte im Quellenhof mit dem Hoteldirektor und fachsimpelte mit dem Concierge.

Nach zwei Wochen hatten sie erledigt, was sie vorgehabt hatten. Der Arztbesuch brachte indes wenig Neues. Mehr als hoffen und es immer

Luigi Perin Mantello (sechster von rechts) vor dem Quellenhof in Bad Ragaz, um 1925.

wieder versuchen, konnte der Kurarzt Bertha auch nicht empfehlen. Der Notar besorgte die Formalitäten für die Ablösung der Hypotheken und die Überschreibung des Hauses auf Bertha sowie die Rückzahlung der Kredite für die Stickmaschinen. Dann wurden die Handwerker, Maurer, Maler und Schreiner – Berthas Bruder Emil konnte zeigen, was er als Schreiner gelernt hatte – mit dem Um- und Ausbau beauftragt. Im kommenden Jahr sollte die Dachwohnung fertig sein.

Doch mehr als einen Sommer konnten Bertha und Luigi die neue Wohnung nicht in Ruhe benutzen. Die Weltlage verkürzte ihren Sommerurlaub, der Kriegsausbruch machte ihnen einen Strich durch die Rechnung. Im Juli 1914 verliessen sie Bad Ragaz Hals über Kopf. Nachdem der Thronfolger der Donaumonarchie Franz Ferdinand in Sarajewo erschossen worden war, erklärten die Habsburger Serbien, daraufhin Deutschland Russland, im August Österreich ebenfalls Russland sowie Serbien Deutschland, Frankreich Österreich, alsdann England Österreich und schliesslich Österreich Belgien den Krieg. Obschon Italien zu diesem Zeitpunkt den kriegerischen Verwicklungen noch fernblieb, fanden es Bertha und Luigi klüger, heimzureisen.

Zurück in Rom, notierte Bertha ins Tagebuch: «Rund um uns herum herrscht jetzt Krieg. Die Zeitungen sind voll von Frontberichten. Hier sind die Leute in zwei Lager gespalten. Die einen, die Nationalisten, wollen Österreich-Ungarn am liebsten zerschlagen und die ‹unerlösten Brüder› heimholen; so nennt man in Italien die Menschen in Triest und Trient, in Istrien und Dalmatien. Für die Gegenseite, die Monarchisten, zu denen die Kirche und die Regierung gehört, ist das Habsburgerreich ein nützliches Bollwerk gegen die Türken. Auch Luigi, der sonst eher republikanisch denkt, findet, dass Österreich-Ungarn bestehen bleiben sollte. Und für mich gilt ohnehin, dass eine Monarchie eher Ordnung und Friede garantiert. Ein König ist doch wie ein Vater und eine Königin wie eine Mutter des Landes. Gott weiss, wann dieses Kriegselend wieder aufhört. Wir wollten Weihnachten nach Ragaz. Das müssen wir nun vergessen.»

Ende April 1915 zog auch Italien mit einer Armee aus Freiwilligen gegen Österreich-Ungarn in den Krieg. Freiwillig ging allerdings nur, wer keine Arbeit, noch nicht genug vom letzten Feldzug oder sonst welche Gründe hatte. Von einer patriotischen Kriegsbegeisterung wie sie deutsche und österreichische Männer befiel, konnte in Italien keine Rede sein. Luigi und seine Brüder blieben jedenfalls zuhause. Hingegen meldeten sich Leone und Flavio Quattrocchi als Freiwillige zur Armee. Obschon sie in der *Trattoria* die Menüs nach wie vor zu niedrigen Preisen feilboten, auf sofortige Zahlung verzichteten, Stammkunden ermöglichten, anzuschreiben, blieben die Gäste aus, so dass der Gastbetrieb, der eben so richtig zu florieren versprach, wie eine Quelle, der man das Wasser abgegraben hatte, versiegte. Der Ertrag vermochte jedenfalls nicht mehr die ganze Grossfamilie satt zu machen. Darum entschlossen sich die beiden Ältesten, das Familienbudget zu entlasten, sich zu stellen und freiwillig in den Krieg zu ziehen.

Galtiero und Maria hüteten nun die Gaststube allein und pflegten den mittlerweile bettlägerigen Nonno Quattrocchi. Auch die Nonna verliess ihr Schlafzimmer über der Gaststube nur noch in dringenden Fällen. Den ganzen Tag verfolgte sie am Fenster von ihrer *Poltrona* aus das Treiben auf der Strasse, wo der Krieg bald einmal seine Fratze zeigte: beinmagere, ausgehungerte Gestalten, heimgekehrte Freiwillige, von der Kriegsmaschine ausgespuckt, unbrauchbar geworden, weil versehrt und verkrüppelt, die um etwas Essen und Almosen bettelten. Umsonst hielt sie Ausschau nach ihren beiden ältesten Söhnen.

Lebensmittel wurden auch für die Perin Mantellos zunehmend unerschwinglich. Mehl, Öl, Eier, Milch waren nur noch auf dem Schwarzmarkt erhältlich. Fleisch sowieso, für ein bisschen Leber oder Lunge, eine Wurst oder etwas Schinken ging Bertha kilometerweit.

Mitten in dieser elenden Zeit traf ein Brief aus Ragaz ein. Etwas Schreckliches, ein Unglück sei über sie hereingebrochen, schrieb Edwina Looser. Als Mutter habe sie als Erste gemerkt, was geschehen war. Stunden-, tage-, ja nächtelang habe sie hin und her überlegt, sich den Kopf zerbrochen, wie sie das dem Vater beibringen könnte, ohne dass ihn die Wut vergessen lasse, was er tat. Luise bekomme ein Kind. Schliesslich habe sie sich überwunden und es ihm gesagt. Er sei ganz bleich geworden, seine Zornesader habe sich mit Blut gefüllt. Luise müsse auf der Stelle das Haus verlassen, habe er gedonnert. Sie könne sich ja mit ihrem Balg irgendwo in der Stadt durchschlagen und so wenigstens die Schande von der Familie hinterher fernhalten. Fürs Erste habe sie jetzt Unterschlupf bei Verwandten gefunden.

In Ragaz war der Krieg anders als in Rom und im übrigen Europa kaum zu spüren. Zwar klagten die Hoteliers, zu viele Betten blieben kalt, sie würden die Kapaune nicht los. Aber die, die kamen, waren glücklich, dem Grauen und Blutvergiessen entronnen zu sein, und freuten sich des Lebens. Neben den Reichen und Schönen vergnügten sich auch deutsche Offiziere, die beurlaubt waren. Manche auch mit Mädchen des Dorfes. Ein Bordell gab es weit und breit keines.

Einer, der ebenfalls dem Krieg entronnen und auf der Durchreise nach Davos in Ragaz Zwischenstation hielt, war der deutsche Dichter Klabund, alias Alfred Henschke, kriegsdienstuntauglicher Tuberkulosepatient. Vom Schlachtfeld Verdun direkt in diese heile Welt katapultiert, rieb er sich verwundert die Augen. In der Erzählung «Franziskus» schildert Klabund das muntere Treiben im kurörtlichen Paradies:

«Aus dem Kurhaus tönte ein Walzer, auf der Terrasse sassen in der lauen Sommernacht Herren im Smoking und Damen in grosser Toilette. Die Serviertöchter balancierten mit Eiscremesoda, Kaffee Melange, Eisschokolade, schwedischem Punsch und Fruchteis zwischen den Tischen. Die Doppeltür zum Saal war weit auf. Drei diskrete Paare schritten jetzt den Onestep. Ich kam aus einem Lande, das seit zwei Jahren Krieg führt. Dort gab es keine Walzer, keine kalten Fleischplatten für die lächerliche Summe von 1 Franken 60. Kein Weissbrot und keine frische Butter zum Morgenkaffee mehr. Ich musste weinen, und meine Tränen fielen in Sternschnuppen nieder durch die Nacht. Das wünschten sich die schönen Mädchen von Ragaz: Die einen einen noch fescheren Tänzer, und die anderen die Umarmung eines heidnischen Gottes angesichts der Taminaschlucht. Aber ach, beide, der Tänzer und Gott, sie trugen Militäruniformen.»

Unter diesen Schönen befand sich auch Luise Looser. Und auch sie sah die Sternschnuppen funkeln und folgte ihrem Tänzer, der ihr den Himmel versprach. Ob sie mit ihm in die Taminaschlucht ging, wo er sie im schwarzen Schatten eines Felsblocks oder anderswo ihrer Kleider und Jungfräulichkeit beraubte? Wohl schwor er ihr ewige Liebe und Treue und versprach, ihr zu schreiben und, sobald der Krieg zu Ende sei, wiederzukommen und sie zur Frau zu nehmen. Für Luise schien das Glück zum Greifen nah. Doch der Krieg ging zu Ende, ohne dass Luise etwas von ihrem Tänzer vernahm. Sie war schwanger. Und sie wusste bloss, dass er Jakob hiess.

Bertha antwortete postwendend und nahm ihre jüngste Schwester in Schutz. Einen Platz für die beiden werde es im Haus wohl noch geben, schrieb sie. Und wenn es in ihrer Wohnung sei. Auch brauchten sich die Eltern wegen des Geldes nicht zu sorgen. Es gäbe doch weit Schlimmeres als eine Schwangerschaft. Neues Leben sei immer ein Geschenk Gottes. Sie sei jedenfalls bereit, für Luise und das Kind aufzukommen, werde ihm Patin stehen und mit Luigi zur Taufe kommen, sobald es die Umstände erlaubten.

Trotz Vaters Murren brachte Luise ihr Kind im Haus ihrer Eltern zur Welt. Getauft wurde das Mädchen, so war es der Brauch, auf den Namen seiner Patin und Wohltäterin. Bertha hiess es, gerufen Bertheli. Und wie seine ledige Mutter einst, so wuchs auch Bertheli am Rockzipfel Edwina Loosers zwischen Fadenresten und Maschine auf. So wohnten Mutter, Kind und die Grosseltern einträchtig unterm selben Dach. Bis nach ein paar Jahren Luise doch noch ihr Glück fand, heiratete und fortzog zu ihrem Mann in ein Bergbauerndorf nach Graubünden.

Bertheli aber wollte der Mutter nicht folgen, sie wollte nicht fort von ihrer Grossmutter, die sie innig liebte, wollte sich nicht trennen von den Hühnern, die hinter dem Hause gackerten, von den Kätzchen und den Kaninchen. Dann solle sie halt bleiben, meinte der mit zunehmendem Alter milder gewordene Grossvater. Gottfried Looser hatte sich an das kleine Mädchen gewöhnt. Freute sich sogar, wenn Bertheli im Stall mithalf, Mist zu kehren und die Kaninchen zu füttern.

Drohungen: Mussolinis Schwarzhemden

Träge fliesst der Tiber zwischen den Häusermassen von Norden nach Süden. Armut überall. Die allgemeine Stimmung bedrückt die Gemüter wie schwülschweres Gewittergewölk.

Berthas Tagebucheintrag im September 1920: «Guerra vinta, pace perduta. Krieg gewonnen, Friede verloren. Gewonnen hat Italien das Südtirol, Istrien, die Städte Triest und Zara. Verloren hat das Land das Vertrauen des Volks. Die Bauern, die ihre Güter und Höfe verlassen und gekämpft hatten, fühlen sich betrogen. Man lässt sie im Stich. Jetzt stürmen sie die Landgüter der Grossgrundbesitzer rund um Rom, stürmen und plündern die mit Weizen prall gefüllten Lagerhäuser. Nie hab ich so viele Krüppel, Blinde, Lahme, Verwirrte, Verzweifelte gesehen. Es ist grässlich. Ja, guerra vinta, pace perduta. Wie soll ich das meinen Verwandten in der Schweiz nur verständlich machen? Ich werde es versuchen. Mutter und vielleicht auch Vater kommen demnächst zu Besuch. Das Geld fürs Bahnbillet habe ich heute einem Freund von Luigi, der in die Schweiz reist, mitgeben können.»

Doch die Eltern konnten die Reise nach Rom so rasch nicht antreten. Wilhelm, der mittlere der sieben Kinder, war an Grippe erkrankt und starb, mit gerade fünfundzwanzig Jahren. Bertha reiste allein zur Beerdigung. Luigi opferte jede freie Minute für die neue katholische Volkspartei von Don Luigi Sturzo, Bürgermeister von Caltagirone, ein Ort mitten im südlichen Zipfel Siziliens. Der Priester hatte den Partito Popolare als Gegenpool zur faschistischen Partei von Mussolini gegründet.

Anfänglich hatten Luigi und seine Brüder geglaubt, der *fascismo* helfe dem daniederliegenden Land auf die Beine. Versprach der Kampfbund doch eine blühende Zukunft und wirtschaftlichen Auftrieb, Ruhe, Ordnung und Sauberkeit wie zu Zeiten, als der König eine achthundertköpfige Putzkolonne aufbot, welche die Pflasterung aus feinem Lavagestein täglich reinigte. Denn seit dem Krieg versank die *urbs* nun im Dreck. Aber auch der katholische Klerus, viele Intellektuelle sowie Angehörige des Bürgertums und Grossbürgertums trauten dem Wolf im Schafspelz. Dieser verbuchte kontinuierlich Machtzuwachs. Insbesondere nach dem Marsch auf Rom und nachdem die wenige Jahre zuvor erhobenen Erbschaftssteuern zur

Sanierung des Staatshaushaltes wieder aufgehoben wurden. Die neue Industrie-Bourgoisie verherrlichte den technischen Fortschritt. Man glaubte, Mussolini schaffe den Aufschwung mit dem Bau von Strassen und öffentlichen Gebäuden. Der industrielle Aufschwung ging einher mit Massenkultur, Materialschlachten und Maschinenmythos. Das Monumentale dominierte die Millionenstadt. Selbst König Vittorio Emanuele III. und Königin-Mutter Margherita hegten Sympathie für den aufkommenden Faschismus. Was Bertha natürlich beeindruckte.

Kürzlich begegnete sie der Königin-Mutter auf dem Weg zur Schneiderin. Plötzlich tauchte auf dem Platz vor dem Pantheon aus den engen mittelalterlichen Gassen ein Trupp *bersaglieri* im Lauf- und Gleichschritt auf, die schwarzen Hüte schräg übers rechte Ohr gezogen. Und *carabinieri* zupften nervös an den silbernen Borten ihrer schwarzen Uniformen, trippelten von einem Fuss auf den andern und drängten die Neugierigen an die Hausmauern. Dann erschien der weisse Landauer mit dem Viererspann und fuhr gemächlich an der Menge vorbei. Die beiden Damen, ebenfalls ganz in weiss, winkten mit ihren weissen Handschuhen. *Ecco la nostra regina Margherita,* riefen die Leute begeistert und winkten zurück. Sie war beliebt, bewundert, ihre Anmut und blonde Schönheit vom vaterländischen Dichter Giosuè Carducci besungen. Solange man ihr, der Königin-Mutter, so zufällig begegnete, dachte Bertha, konnte es vielleicht doch nicht so schlimm sein.

Sie freute sich, dass die Eltern nun doch die Reise nach Rom unternehmen wollten. Es war ihr gelungen, sie zu überzeugen, dass eine Taufe, die Taufe des Sohnes von Francesco und Loredana, nachdem sie schon deren Hochzeitsfest verpasst hätten, doch ein willkommener Anlass für ihren Besuch wäre. Immerhin sollte Luigi der Pate sein. Und Gelsomina die Patin.

Nun standen sie da. Etwas verloren auf dem Bahnsteig. Die Mutter im Kostüm, das ihr Bertha in Bad Ragaz hatte massschneidern lassen, der Vater im dunkelbraunen Drillich-Sonntagsanzug. Er hatte sich noch lange hartnäckig gesträubt, fand allerlei Ausflüchte, er könne das Haus und das Füttern der Tiere nicht Emil, der den ganzen Tag in der Schreinerei arbeite, aufhalsen. Überhaupt, zu teuer und viel zu weit sei diese Reise. Aber die Mutter liess nicht locker. Es gehe doch nicht an, dass er den Ort, an dem seine Tochter jetzt ein so ganz anderes Leben führe, nicht wenigstens ein Mal – bevor er sterbe – gesehen habe. Nicht alle hätten solch eine Gelegenheit wie sie, in Rom, der Ewigen Stadt, so nah beim Heiligen Vater ein paar Tage zu verbringen. Das sei ein ganz grosses Geschenk.

Das Tauffest beging man im engsten Familienkreis in Bertha und Luigis Wohnung an der Via Piave. In der Kirche Sacro Cuore nebenan taufte Don Romerio den kleinen Giovanni. Mit dem jungen Priester, der auch der Geistliche des Klosters war, pflegten Bertha und Luigi freundschaftlichen Kontakt. Die fromme klösterliche Nachbarschaft entschädigte Bertha für das Fehlen des Ländlich-Gebirgigen. Zudem waren Kirche, Kloster und Krankenhaus umgeben von Bäumen. Sie sah das neugotische Zuckerwerk, wenn sie das Bettzeug zum Schlafzimmerfenster hinaus schüttelte, sah direkt auf den Turm, der sich über dem Ziergiebel erhob. So nah beim Heiligen alltäglich zu leben, bescherte ihr jedes Mal einen kribbelnden Schauer. Manchmal, wenn ihr die Decke auf den Kopf fiel, ging sie zur Äbtissin. Sie brauchte nicht einmal von ihrem Kummer zu reden. Allein schon der Park, der Klostergarten und die besonnenen Bewegungen der Nonnen in ihren langen grauen Röcken beruhigten und erleichterten sie.

Schon am Vortag des Festes herrschte in Berthas Küche emsiges Mischen und Rühren, Schälen und Rüsten. Was aus dem Wenigen, das auf dem Markt und in Läden zahlbar oder überhaupt erhältlich war, hervorgezaubert wurde, stand einer Festtafel in normalen Zeiten in nichts nach. Bertha und Angela buken die köstlichen Vor- und Süssspeisen, zerkleinerten Gemüse für die Suppe und marinierten die Hähnchen. Loredana fühlte sich noch etwas schwach. Doch liess sie es sich nicht verbieten, den beiden zumindest mit guten Ratschlägen zu assistieren. Ihr Pastateig war nämlich von vorzüglicher Einmaligkeit. Kein anderer liess sich so hauchdünn auswallen, ohne dass er brach. Auch steuerte die junge Mutter die selbst gemachten, auf keinem Tauffest fehlenden pastellfarbigen Zuckermandeln bei.

Angela war Berthas Freundin und Nachbarin. Sie betrieb eine Antiquitäten- und Kunsthandlung in einer Seitenstrasse der Via Piave. Ihre Eltern stammten wie die Perin Mantellos aus dem Turiner Geldadel, der in der Wirtschaftskrise weitgehend verarmte und sich dann in der neu gegründeten Hauptstadt wieder aufzurappeln versuchte. Jung, wohlgestalt und ledig, hoffte sie, nach etlichen Liebschaften mit unglücklichem Ausgang, dem Richtigen doch noch zu begegnen, bevor es zu spät war, Kinder zu bekommen. So waren sie Komplizinnen. Obwohl über zehn Jahre jünger, war Angela die Einzige, mit der Bertha offen über ihren Kummer sprach. Sie hoffte immer noch, dass ihr das Leben den wichtigsten Wunsch nicht vorenthielt. Angela hatte sie in die Geheimnisse der römischen Küche eingeweiht und ihr beigebracht, dass die Sauce aus Fleisch und Tomaten – dazu gehören auch andere Gemüse wie Bohnen, Karotten oder Auberginen – sehr lange auf kleinem Feuer köcheln muss, auch den Gebrauch der stark duftenden Gewürzkräuter, von denen man nördlich der Alpen keine Ahnung hatte. So duftete es in Berthas Küche wie in einer römischen. Und ihren Lammbraten hatte auch schon ein Senator, den Luigi mit nach Hause brachte, gekostet.

Gottfried und Edwina verschlug es fast den Atem, als sie den prall geschmückten Essalon betraten. Auf einem separaten Tischchen lagen die Geschenke arrangiert: gestickte und gestrickte Babykleidchen, ein Silberkettchen mit graviertem Namen, eine kleine Spieldose aus Angelas Wunderladen. In der Mitte der Kredenz der unvermeidliche Tortenturm, das Geschenk der Patin Gelsomina, flankiert von kleinen Backwaren, süssen und gesalzenen, Porzellan und Kristallgläser auf dem weissen Damast, überall duftende Rosenblätter und Zuckermandeln, Girlanden aus bunten Seidenbändern mit Murano-Glasperlen und -kugeln aus Angelas Antiquitätengeschäft, weisse Kerzen in silbernen Ständern. Gottfried wagte kaum, sich auf den mit Samt bezogenen Stuhl zu setzen. Und Edwina mochte ihre Augen nicht vom Gobelin mit der Bauernidylle lösen, der die halbe Wand über dem schweren Mahagoni-Buffet im französischen Stil bedeckte. Schliesslich sah man der Festtafel das karge Budget nirgends mehr an.

Doch wären nicht die farbigen Bänder und Glaskugeln, man hätte eher an ein Trauer- als an ein Festmahl gedacht. Kein Lachen, kaum ein Lächeln, keine spontanen Geschichtchen mit witzigen Pointen, schon gar nichts Lustiges oder Skurriles wurden zum Besten gegeben. Auch Emilio, sonst gern zu Spässen aufgelegt, löffelte die Minestrone schweigend. Erst als man auf das Wohl des neuen, gesunden Erdenbürgers die Gläser hob und Francesco und Loredana, trotz wenig erfreulicher Aussichten für die Zukunft, ein glückliches Gedeihen ihres Sprösslings wünschte, lockerte sich die gedrückte Stimmung für einen Augenblick. Doch weder der prickelnde, leicht süsse Moscato noch der honigfarbige Tischwein vermochte die bleierne Beklemmung der kleinen Gesellschaft dauerhaft zu lösen. Das Wenige, das zur Sprache kam, ernst und leise vorgetragen, übersetzte Bertha ihren stumm staunenden Eltern. Wie schwierig das Leben, der Alltag der Leute seit dem Ende des Krieges geworden, was für eine Plage die Politik sei. Seit dieser Mussolini am Ruder sei. Aber laut dürfe man das nicht sagen. «Da habt ihr es bei euch doch noch viel besser.»

Edwina wäre gerne ein paar Tage länger bei ihrer Tochter geblieben. Aber Gottfried Looser fühlte sich verloren in dieser Stadt. Konnte kaum schlafen, stand jede Nacht auf und wandelte im Zimmer auf und ab, hustete, quälte sich, um nicht das ganze Haus aufzuwecken, den Husten zu unterdrücken und erstickte dabei fast. Nach fünf Tagen reisten die beiden wieder heim.

Ins Tagebuch notierte Bertha: «Der Vater sieht schlecht aus. Sein Atem rasselt bedenklich. Hoffentlich war es nicht das letzte Mal, dass ich ihn gesehen habe. Auch die Mutter hat gealtert. Aber sie hält sich, scheint mir, besser.»

Nachdem Mussolinis Privatarmee *camicie nere* Rom im Handstreich eingenommen hatte, brach der Terror offen aus. Während der Wahlen im April 1924 kritisierte der sozialistische Abgeordnete Matteotti die Regierung und ihre Gewalttaten in einer öffentlichen Rede scharf. Wenige Tage später überwältigten ihn die Schwarzhemden auf offener Strasse und entführten ihn. Seine Leiche wurde Wochen später geborgen. Diese Mordtat spaltete die Gesellschaft. Dabei verlagerte sich die öffentliche Meinung, wenn auch nur wenig, zulasten der Faschisten. Dennoch, es war zu spät, sie wieder loszuwerden, die nun fest in ihren braunen Sätteln sassen. Strassen und Plätze dienten jetzt als Bühne für Defilees und Aufmärsche der *camicie nere*. Angst und Misstrauen löschten die Zwischentöne aus, Wörter wurden abgewogen, man flüsterte oder schwieg. Auf den Märkten, an den Theken der Bars und an den Tischen der Gaststätten, wo sich vorher die Leute trafen und die Reden munter plätscherten, klaffte bedrückende Stille. Man zog sich ins Private zurück und hoffte auf bessere Tage. Das eigentliche Leben spielte sich drinnen ab, in den Salons, den Stuben und Küchen.

Erst als es zu spät war, hatten die Perin-Mantello-Brüder und Bertha gemerkt, wohin die Reise ging. Sie und mit ihnen viele andere sassen in der Falle. Hereingefallen auf diesen Mann der Tat, der mit Ruhe und Ordnung tatsächlich nicht zu viel versprochen hatte. Das Rutenbündel, die *faszes,* mit dem Beil, Zeichen für die Amtsgewalt der altrömischen Liktoren, das Emblem der Faschisten, kam nur scheinbar harmlos daher; gab seine Bestimmung zu Schlägerkraft und Brutalität erst preis, als es zu spät war. *Andare in fascio* bedeutet zur Hölle fahren, zugrunde gehen. Daran gab es wahrhaft nichts mehr zu zweifeln.

Mit dem langen Arm der Schwarzhemden bekam es auch Luigi zu tun. «Dieser *cavaliere* ist eine falsche Schlange, die uns zu nähren vorgibt, bevor sie uns vergiftet», hatte er laut und deutlich hinausposaunt, während der Polizeichef sich an seiner Seite zur *ora del vermouth* an der Hotelbar einen Whisky-Soda genehmigte. Er fände es ein Armutszeugnis, dass Mussolini die Verfassung ausser Kraft gesetzt habe, um sein Wahlgesetz durchzubringen, damit es nur noch eine einzige Kandidatenliste gebe, nämlich die, welche der Grosse faschistische Rat aufgestellt hatte. Am nächsten Tag erhielt Perino vom Amt für die Innere Sicherheit die schriftliche Warnung persönlich aus der Hand eines Boten überreicht, dass er seine Zunge wohl besser im Zaume halte, wolle er weiter hier arbeiten. Und sofern er seine Meinung nicht revidiere, müsse auch sein Bruder Francesco seinen Platz im Finanzamt räumen.

Elfen, Monster und Morraspieler

«Wenn es nach Mussolini ginge, müssten alle Italienerinnen mindestens fünf Kinder zur Welt bringen, am besten drei oder vier Knaben. Frauen, die keine Kinder haben, sind verdächtig. Ihnen wird vorgeworfen, sie erfüllten ihre Pflicht nicht. Zum Glück macht mir von meinen Nächsten niemand solche Vorwürfe.» Als Bertha diese Zeilen im Juni 1929 ins Tagebuch schrieb, war Kinderlosigkeit nicht mehr nur Privatsache, die Propaganda-Maschinerie lief auf Hochtouren; Muttersein, öffentlich verherrlicht, war praktisch Staatspflicht. Frauen, die keine Kinder kriegten, verdächtigte man des Gebärstreiks.

«Luigi und ich haben den Traum von eigenen Kindern begraben. Trotzdem fragen wir uns manchmal, ob wir doch etwas falsch gemacht haben. Ein Glück sind die Neffen und Nichten da. Und es werden immer mehr. Meine liebe Schwester Marie in Zürich hat auch schon zwei. Und auch das Bertheli, mein Patenkind, gedeiht und wächst und geht schon in die Schule. Giovanni kommt oft nach der Schule und will gar nicht mehr heim. Er macht mir besonders grosse Freude und Befriedigung. Bei uns fühlt er sich wie zuhause, will mit mir Schule und er den Lehrer spielen, begleitet mich zum Markt, in die Kirche, auch ins Hotel, wenn ich Luigi etwas bringen muss oder er mir etwas mitzuteilen hat. Loredana ist froh, diesen Wildfang ab und zu los zu sein. Sie kränkelt oft. Und bald schon bekommt sie ihr zweites Kind. Giovanni ist ein intelligentes Kerlchen. Sobald Marie es richten kann und Konrad sie springen lässt, kommt sie mit Elsa und Robert zu Besuch.»

Ende Juli war es so weit. Die Schulferien hatten begonnen. Marie und ihre beiden Kinder bestiegen in Zürich den Zug, stiegen in Genua um und in Rom mit russigen Nasenlöchern und schwarzen Taschentüchern vom Händeputzen und Schnäuzen aus dem überfüllten Waggon dritter Klasse. Auch Roberts Kniestrümpfe waren nicht mehr weiss; seine kurzen Hosen klebten an den Beinen. Und Elsas gelbes Kleid mit den Puffärmeln hatte, trotz permanenten Ermahnungen der Mutter, besser aufzupassen, ein paar Flecken abbekommen.

Den Kindern erschien alles grösser, höher, breiter, schwärzer als in ihrer kleinen Stadt: die Strassen und Plätze, die Häuserfluchten.

Auch das Haus und die Wohnung von Bertha und Luigi kamen ihnen riesig vor. Und an Luigi, zu dem sie Zio sagen durften, bestaunten sie die grossen Hände und Füsse. Überhaupt, an Zio Luigi erschien ihnen alles mindestens doppelt so gross als bei Vater: die Nase ebenso wie die rollenden schwarzen Augen und der fast bis zu den Ohren gezwirbelte Schnurrbart. Sie bestaunten seine fremde tiefe warme Stimme und sein immer wieder das ganze Gesicht erhellende liebenswürdige Lächeln. Die Tante wirkte dagegen vertraut, sie war klein wie ihre schwerhörige Mutter. Auch sprach Bertha laut zu ihr und mit deutlich bewegten Lippen, so dass Marie das Gesprochene ablesen konnte. Elsa sah Bertha ein wenig ähnlich, die Augenpartie sowie Nase und Mund standen in ähnlichen Proportionen zur fast gleichen Kopfform. Elsa war elf und ihr Bruder zehnjährig.

Während Marie den morgendlichen Kehr in der Wohnung besorgte, nahm Bertha die Kinder mit zum Markt. «Vergiss die Kräuter auf dem Balkon nicht, sie sind durstig», rief sie der Schwerhörigen unter der Tür noch zu.

Die Neugier der Kinder war kaum zu stillen. Wer in diesem Palast wohl wohne, fragten sie. Warum es so viele Bettler gebe, und warum die einen nur noch ein Bein hätten oder gar keines mehr, alles wollten sie wissen. Bertha zeigte ihnen die antiken Monumente, Prunk und Pracht der Kirchen, sie stiegen hinunter zu den düsteren Katakomben, wo das Rauschen unsichtbarer Bäche von der Geschichte der Stadt murmelte, vom grössenwahnsinnigen Nero, der Rom in Brand stecken liess, und dass Berge von Schutt das Niveau der Stadt um viele Meter angehoben hatten. Den Kindern grauste es vor den Totenschädeln, die sie aus dunklen Augenhöhlen aus den Nischen anstarrten. Was das für Menschen gewesen seien und warum von ihnen die Totenköpfe hier lägen, wollten sie wissen. Bertha wurde nie müde, alles zu erklären.

Beim Geldwechslerbogen blieben sie bei einer laut lärmenden Gruppe stehen. «Warum streiten diese Männer?», fragten die Kinder. «Die streiten nicht», lachte die Tante. «Sie spielen Morra. Zwei spielen. Ein Dritter passt auf, dass keiner bescheisst. Die zwei Spieler strecken genau im gleichen Moment eine Hand aus, zeigen null bis fünf Finger und rufen dazu die Zahl, die sie glauben, dass ihre Finger zusammen zählten. An der anderen Hand rechnet jeder auf, um wie viel er sich verschätzt hat. Wer die Hand zuerst voll hat, hat verloren und muss dem anderen seinen Einsatz an Geld abliefern. Zwar ist das verboten, weil, so wird erzählt, die Spieler scharfe Messer unter ihren Röcken versteckten und nicht zögerten, zuzustechen, so dass es nach jedem Morraspiel auf der Welt einen Römer weniger gäbe. Aber sie kümmern sich nicht um dieses Verbot.»

«Die Morraspieler stecken ihre Hände sicher nicht ins Wahrheitsmaul», fand Robert, als Bertha ihnen die *Bocca della verità* zeigte. Und obwohl die Tante versicherte, das steinerne Maul beisse keinem in die Hand, der ehrlich sei, wagten die beiden es nicht, ihre Finger hineinzustecken.

Überraschungen auf Schritt und Tritt. Auf der Piazza Navona tauchten plötzlich aus einer Seitenstrasse fünf Männer auf mit roten und weissen Fahnen und skandierten im Laufschritt die immer gleichen rhythmischen Parolen. «*Braccanti* sind das», erklärte Bertha. «Arme Bauernsöhne, die ausser ihren Armen nichts besitzen. Sie verlangen vom Staat, was er ihnen versprochen hatte, als sie für ihn in den Krieg gezogen waren. Sie rufen: Das Land gehört den Landarbeitern und nicht den Grossgrundbesitzern.»

«Dem Staat würde das Wahrheitsmaul sicher auch in die Hände beissen», fand Elsa.

Überall Geheimnisse, die Stadt war bevölkert von Elfen und Monstern. Den Kindern kam es vor wie im Märchen. Wasser sprudelte aus gehörnten Waldgeistern, Drachen- und Löwenmäulern. Es rieselte über Menschenleiber, sammelte sich in Becken und Schalen aus Marmor. Sie sahen den Mohren- und den Schildkrötenbrunnen. Bertha führte sie zum Najadenbrunnen, dem Vierflüsse- und dem Bienenbrunnen. Sogar einen Uhrenbrunnen bewunderten sie. Am Rande des Beckens der Barca, am Fusse der Spanischen Treppe, führten zwei Männer mit löchrigen Schlapphüten, verbleichten blauen Umhängen, schwarzen Hosen bis zu den Knien, dicken Wollsocken und anstelle von Schuhen übers Kreuz festgebundene Lederhäute ihren Esel zur Tränke. «Wandernde Taglöhner und Baumfäller», sagte die Tante. Und vom Trevi-Brunnen, wo sie verzaubert von der Grösse und der barocken Szenerie wie angewurzelt verharrten, bewegten sich Elsa und Robert erst fort, als sie eine Münze ins Becken werfen durften und erfuhren, wer das tue, kehre wieder nach Rom.

Brunnen in der Via Giulia.

Von den Schweizergardisten, ihrem Mut und den farbigen Uniformen hatte ihnen die Mutter schon während der Reise erzählt. Als dann einer in seinen rot-blau-schwarz-gelben Pluderhosen – das sind die Farben der Medici, erklärte die Tante – samt Hellebarde leibhaftig aus dem Wachhäuschen trat, trauten sie ihren Augen nicht. Noch weniger, als der Gardist Bertha herzlich begrüsste und mit ihr in breitestem Schweizerdeutsch plauderte. Bertha kannte viele Landsmänner. Helden seien sie und opferten für den Papst, wenn es sein müsse, ihr Leben und Schweizerblut. «Viele, vor allem die jüngeren Gardisten, leiden heftig unter Heimweh. Das dürfen sie natürlich nicht zeigen», belehrte sie ihre Gäste und zählte stolz die verschiedenen Dienstgrade der päpstlichen Leib- und Palastwache auf: «Vier Offiziere, dreiundzwanzig Unteroffiziere, siebzig Hellebardiere, zwei Tambouren und der Kaplan.»

«Komm, zeig uns jetzt, wo der Papst schläft», drängten die ungeduldig gewordenen Kinder. «Der ist jetzt auch in den Ferien. In Castel Gandolfo. Auch der Papst braucht Ferien.» So stopfte Bertha den kindlichen Wissenshunger.

Wenige hundert Meter vor Berthas Zuhause blieben Elsa und Robert stehen. Sie hatten ein Guckloch in den Untergrund entdeckt, eine breite Treppe, die sich, von Bäumen und Sträuchern überwuchert, zwischen Krautbüscheln in der Tiefe verlor. Auf den Stufen tummelten sich Katzen in allen Farben und Grössen. Über den Mauern, aus denen Ulmen und Birken und vielerlei Gebüsch wuchsen, erhoben sich gut sichtbar die Überreste einer imposanten Kuppel aus kunstvoll in Fischgrätemuster geschichteten Backsteinen. Ob der Krieg diese Kirche kaputt gemacht habe, wollte Robert wissen. Es sah aus, als hätte man das Gebäude unter die Erdoberfläche gestampft. «Nein, nein», sagte Bertha und erzählte vom noblen Leben in der Antike. Sie war froh über die Verschnaufpause. «Es war keine Kirche. Die Kuppel gehörte zu einem Palast. Die Zeit hat ihn zerfallen lassen. Er war einst weit und breit der prächtigste. Sallustio hiess der Erbauer. Nach ihm heisst auch unser Quartier: Rione Sallustiano. Sallustio war Historiker und ein Liebhaber der feinen Lebensart. Mit diesem Rundbau und der eleganten Kuppel wollte er beweisen, dass er denselben Geschmack hatte wie der frühere Kaiser Hadrian, der in Tivoli, einer Stadt nördlich von Rom, einen noch viel prächtigeren Palast erbaut hatte. Für Sallustio bedeutete das Schöne auch das Gute, das Gute in den Menschen. Und weil er das Schlechte des römischen Rechts öffentlich anprangerte, fiel er beim Kaiser in Ungnade. Cäsar liess den Mann töten.»

Am andern Tag zeigte Bertha ihren Gästen aus der Schweiz Roms beliebteste Promenade. Nach dem Mittagessen stiegen sie also den in Serpentinen angelegten Fussweg von der Piazza del Popolo hinauf zum Pincio. Hier, über den Dächern und Kuppeln der Stadt flanierten die Damen der Haute-Volée in neuesten Kreationen am Arm ihrer nicht minder modisch ausstaffierten Herren. Elsa und Robert versuchten vergeblich, die aus dem Häusermeer wie Maulwurfshügel herausragenden Kuppeln und Türme zu zählen, als plötzlich ein Geläut wie tausendstimmiges Schwingen in der Luft dröhnte und ihnen unter die Haut fuhr. «Heute ist *ferragosto*, Mariä Himmelfahrt, da läuten die Glocken von allen Türmen», erklärte Bertha. «Aber kommt jetzt, den Park der Villa Borghese habt ihr noch nicht gese-

Vor dem Petersdom.

hen. Hier können Kinder in kleinen Autos wie die Grossen herumfahren.»

Roms grösster öffentlicher Park war erst seit wenigen Jahren dem Volk zugänglich, bald schon erwies er sich als ein Gradmesser für die Befindlichkeit der Stadt. Fieberte sie, blieb er verwaist. Lief jedoch alles in gewohntem Trott, nahmen die Leute die Gärten und Alleen in Beschlag, zu Fuss, an Stöcken, auf Rädern, hoch zu Ross. An Sonntagen zauberte Grossfamilie neben Grossfamilie im Schatten eines *Pinus Lanceolato, Pinus religiosa* oder unter einer *Mespilus Japonica* aus enormen Picknickkörben mehrgängige Menüs. Und stolze Väter belehrten ihre herausgeputzten Söhne an der Bande des *galoppatoio*, der Pferderennbahn, während die Mütter Arme und Beine an der Sonne badeten und die Kinder am Ufer des Sees Schwäne und Enten fütterten. «Wir spazieren, wo sich früher nur Adlige, Fürsten und Könige vergnügten», sagte Bertha, während Marie und die Kinder die Inschriften an den steinernen Sockeln mit den Bronzebüsten von Dichtern und Denkern entzifferten. «Caffarelli Borghese, ein mächtiger Kardinal und Kirchenfürst, liess diese Gärten und Alleen und den Palast im 17. Jahrhundert über den Dächern von Rom erbauen. Und jetzt kommen alle mit Kind und Kegel.»

Robert drängte, er wollte endlich Auto fahren. Als er schliesslich in einer Art Seifenkiste mit Rädern um die Wette in die Pedalen trat, wurde er andauernd von älteren Buben an den Rand gedrängt. Nach zwei Runden liess er das Gefährt entnervt stehen. Elsa kicherte schadenfreudig. Beim Tempelchen am See begegnete ihnen eine düstere Gestalt in einem langen, schwarzen Rock und einer violetten Mütze. Der Mann sah aus, als schwebte er über dem Kiesweg. Als Bertha ihn grüsste, nickte er nur gebieterisch. «Habt ihr ihn gesehen? Das ist der Kardinal Pacelli, Eugenio Pacelli. Ich bin sicher, der wird unser nächster Papst.»

Bevor der Aufenthalt ihrer Gäste zu Ende ging, durfte der Besuch in Angelas Antiquitätenladen nicht fehlen. Schon der kurze Blick ins Schaufenster genügte, die Aufmerksamkeit der Kinder und Maries zu fesseln. Drinnen empfing Angela sie überschwänglich. Und während Bertha mit ihrer Freundin über den Brotpreis lamentierte, der, seit die Subventionen für Mehl gestrichen wurden, stieg und stieg, ohne dass ein Ende abzusehen wäre, konnten sich Elsa und Robert an den goldgerahmten Barockspiegeln, den zart schimmernden Alabasterfigürchen und Jugendstil-Glasskulpturen kaum satt sehen. Und Marie bewunderte die goldfarbigen Ikonen, Heiligen- und Schäferbilder.

«Weisst du, dass Luigi unter Druck gesetzt wird?», flüsterte Bertha Angela zu, nachdem sie sich versichert hatte, dass niemand zur Tür hereingekommen war. «Sie haben ihm gedroht. Er hatte genug von der Leisetreterei, wollte nicht mehr schweigen, kein Blatt mehr vor den Mund nehmen, auch nicht in Gegenwart des Polizeichefs, den er ja gut kennt.»

«Sie werden immer dreister», seufzte Angela. «Auch ich höre von Leuten, denen die Faschisten mehr oder weniger unverhohlen drohen», erwiderte sie. Zum Abschied drückte sie Elsa und Robert ein Figürchen aus Muranoglas in die Hand und Marie zur Erinnerung ein kleines Heiligenbildchen mit der Mutter Maria.

Am Tag vor ihrer Abreise begleiteten die Kinder die Tante nochmals zum Markt. Doch diesmal kamen sie nicht weit. Schon in der

Petersplatz mit Kolonnaden.

Via XX. Settembre packte Bertha die Kinder bei der Hand und kehrte wieder um. Überall standen dunkle Männer, an jeder Strassenecke, einzeln oder in Gruppen. Eine vibrierende Ruhe herrschte. «Seid sofort ganz still, mucksmäuschenstill, redet kein Wort mehr jetzt», flüsterte Bertha eindringlich. So hatten die Kinder ihre Tante noch nie erlebt. Und als hätten sie begriffen, dass etwas Besonderes im Gange war, und es ernst galt, hielten sie auf der Stelle ihre Plappermäuler. Auf der Höhe des Kriegs- und Finanzministeriums durchbrach ein Brausen, das zum Dröhnen anschwoll, die Ruhe. Ein langer Konvoi schwarzer Autos rollte vorbei. In der Mitte eine übergrosse, glänzende Limousine. Obwohl sie gerne stehen geblieben wären, liessen sich Elsa und Robert ohne Murren nach Hause ziehen. Der Himmel hatte sich inzwischen gelbbraun verfärbt. Einer dieser plötzlichen Sturmregen kündigte sich an. Winde zogen auf und trugen schwarze Wolken über die Stadt. Bald fielen die ersten dicken Tropfen, die jedoch auf den überhitzten Pflastersteinen sofort verdampften. Die Luft war feuchtheiss. Bertha beeilte sich. Die Kinder kamen kaum nach. Der Wind wirbelte Staub und Dreck auf. Die Strassen begannen sich zu leeren. Wer noch unterwegs war, ging schnell und den Hauswänden entlang. Bald goss es wie aus Kübeln. Klitschnass erreichten sie das Haus. Erst als Bertha die Tür hinter sich verschlossen hatte, erklärte sie Marie, die es kaum fassen konnte, dass sie schon wieder zurück waren, dass dies nicht nur des Wetters wegen sei. «Die Strasse war voll von Polizisten in gewöhnlichen Kleidern. Sie standen herum und spionierten.» Und zu den Kindern: «Jetzt habt ihr am letzten Tag eures Aufenthalts noch einen tüchtigen Schrecken bekommen. Der im grossen schwarzen Auto war nämlich der Mussolini, der sich durch unsere Stadt chauffieren lässt. Das kommt jetzt öfters vor.»

Der heisse Sommer wendete die Verhältnisse erneut zum Schlechteren. Das Regime mauerte weiter an seiner Festung, Mussolini und seine Schergen sassen immer fester in ihren braunen Sätteln, die Schwarzhemden, nun Miliz, bildeten als Stosstrupp das Rückgrat. Der Duce massschneiderte die Gesetze und brachte mit dem neuen Pressegesetz die Turiner «Stampa» und den Mailänder «Corriere della Sera» in seine Gewalt. Aber die ausländische Presse rühmte den Machthaber: Endlich herrsche Ordnung im Land, keine Streiks mehr in Italien. Dabei füllten Regimegegner die Gefängnisse, wanderten aus oder wurden umgebracht. Und als Papst Pius XI. Mussolini einen von der Vorsehung geschickten Führer genannt hatte, ging auch der Oppositionelle sizilianische Priester und Parteigründer des Partito Popolare, Don Sturzo, ins Exil.

Luigi und Bertha verfolgten mit Besorgnis die Geschehnisse. «Selbst die Thronfolge bestimmt jetzt der Grosse faschistische Rat, das heisst der Duce», erklärte Luigi seiner Gattin. «Was die Krone darf und was nicht, befiehlt jetzt Mussolini. Offenen Widerstand leisten bloss noch eine Handvoll Liberale. Die Senatoren Croce, Ruffini, Albertini und Bergamini. Sie wagen es, die Aushöhlung des republikanischen Staates anzuprangern. Und Mussolini lässt sie nur darum gewähren, weil er auf diese Männer nicht verzichten kann. Vorläufig jedenfalls. Den Philosophen und Historiker Benedetto Croce stuft er ohnehin als ungefährlich ein und lässt ihn als Hofnarren reden und schreiben. Dabei sind in seinen Schriften zwischen den Zeilen sehr wohl die antifaschistischen Ziele lesbar.»

«Benedetto Croces Zeitschrift ‹La Critica› gibt es also immer noch», seufzte Bertha.

Bereits im Dezember 1929 verabschiedete der faschistische Rat ein weiteres Gesetz zur Konsolidierung der Diktatur. Weihnachten ging vorbei, ohne dass Bertha von ihren Verwandten eine Nachricht erhalten hatte. Sie wartete umsonst auf Post aus der Schweiz. Monate um Monate vergingen. Kein Brief, keine Karte, weder aus Zürich noch aus Ragaz. «Denkst du, die Zensur beschlagnahme unsere Post?», fragte Bertha Luigi, der nur müde mit dem Kopf nickte. «Natürlich. Sie müssen den Bürgern doch zeigen, wer hier der Meister ist.»

Ein kalter und nasser Januar und der Februar gingen vorbei. Kurz vor Ostern drückte die Portiersfrau Bertha mit besorgter Miene einen Briefumschlag mit schwarzem Rand in die Hand. Eine Trauerbotschaft. Aha, diese war den Zensoren anscheinend unverdächtig, dachte Bertha. Vater? Mutter? Nach Wilhelm vor elf Jahren ein weiteres Geschwister? Der Umschlag enthielt die knappe Nachricht vom Tod ihres Vaters.

Am nächsten Tag reisten Bertha und Luigi zur Beerdigung nach Bad Ragaz. Als sie aus dem Zug stiegen, fegte ein lauer Föhnwind durchs Tal.

Abwechselnd mit der Mutter, den drei Töchtern Marie, Edwine und Luise sowie Gustav und Emil hielten auch Bertha und Luigi Totenwache. Gottfried Looser lag aufgebahrt im elterlichen Schlafzimmer, im sonntäglichen Drillich-Anzug und in den Sonntagsschuhen, die Hände um ein kleines Kreuz gefaltet, der Bart sorgfältig gekämmt, Augen und Mund geschlossen, die Wangen hatten bereits graue Flecken, Anzeichen von Verwesung.

Berthas Patenkind, das Bertheli, habe den Grossvater gefunden, erzählte Edwina Looser. Regungslos neben dem Scheitbock habe er gelegen. Er suche wohl etwas am Boden, habe das Mädchen zuerst gedacht, dann aber, als es merkte, dass er sich nicht rührte, habe es erschreckt das frische Gras und die Löwenzahnblättern, die sie den Kaninchen habe füttern wollen, fallen lassen und sei zu ihr in die Stickstube gerannt. «Grossmutter komm sofort», habe die Enkeltochter gerufen, «der Grossvater liegt am Boden.» Sie habe den Pantographen beiseitegelegt und sei in den Stall gesprungen. Er habe sich wohl, nachdem er die beiden Kühe gefüttert hatte, auf dem Scheitbock ausruhen wollen, habe sie gedacht. Sie habe sein Hemd geöffnet und seine behaarte Brust massiert. Noch nie habe sie ihn so genau angeschaut. Nichts habe sich mehr geregt, kein Herz und kein Atem, kein Pulsschlag. Tot, nichts als tot.

Am Tag der Bestattung blies noch immer der trockenwarme Wind. Im und vor dem Haus stand alles bereit. Auch das halbe Dorf. Vier starke Männer trugen den schweren Sarg zum Friedhof. Gefolgt von der Witwe, den Verwandten und in einigem Abstand den Dorfleuten. Bertha und Luigi mussten ihre schwarzen Hüte festhalten. Und die schwarzen Bänder der Mädchen flatterten um ihre Köpfe.

Während Bertha noch zwei Wochen bei ihrer Mutter blieb und ihr half, die Dinge zu ordnen und den Weg in den Alltag wiederzufinden, reiste Luigi am nächsten Tag alleine zurück nach Rom.

Bleierne Jahre, traurige Zeit

Im vierten Stock an der Via Piave rückte man zusammen. «Ich koche jetzt häufig für die ganze Familie. Francesco, Loredana und Giovanni kommen jeden Tag zum Abendessen, zur *cena*. Giovanni ist schon elfjährig. Er ist ein liebenswürdiger Prachtkerl. Emilio ist ohnehin immer da. Und manchmal kommt auch Gelsomina. Sie ist immer noch ledig», notierte Bertha ins Tagebuch. Die Tischrunden bedeuteten nun, da niemand mehr ausging, für sie die einzige Geselligkeit.

Luigi mache sich zu viele Sorgen, fanden die Frauen. Sie legten trotz allem stoisch Zuversicht und Mut an den Tag, fanden, es sehe gewiss schlimmer aus als es sei, die Zeit sei nun mal, wie sie sei und werde sich wohl wieder zum Bessern wenden. Die rege Bautätigkeit bringe gewiss vielen einen Verdienst. Francesco und Emilio schwenkten ebenfalls ein wenig in die allgemein vorherrschende Euphorie, der Bauboom nähre zumindest einige Arbeiterfamilien. Bertha fand an den schmucklosen Bauten keinen Gefallen. Die neue Post an der Piazza Bologna sehe aus wie ein Ozeandampfer, fand sie. Im fünften Stock an der Via Piave wurde jetzt heftig debattiert.

Obschon die Krise ihren Höhepunkt erreicht hatte, überall Mangel herrschte und jede Brosame sorgfältig eingesammelt und wiederverwertet wurde, wurden in Rom ganze Quartiere plattgewalzt, mittelalterliche, solche aus der Renaissance ebenso wie barocke; auch sämtliche Häuser zwischen Lungo Tevere und Pantheon, bei der Torre Argentina und dem Teatro di Marcello wurden dem Erdboden gleichgemacht. Fast wie zu Zeiten Neros. Dies alles für den Bau der Via dell'Impero. Mussolini spielte Kaiser. Nie zuvor und nie nachher genoss der kleine Mann aus Forlì so viel öffentliche Zustimmung. Der Staat sorge für alle, müsse aber auch mächtig sein, hiess es, mächtig wie zur Zeit der Cäsaren.

Nur Luigi sah nirgends Morgenrot am Horizont. Er wirkte resigniert. Auch wenn die Studenten in der neuen Ordnung manche Vorteile und soziale Gerechtigkeit sähen, meinte er, steckte doch hinter den neuen Gesetzen und der Arbeitscharta vor allem das Fiasko der Republik. So spaltete ab und zu ein Disput die Tischrunde. Doch nur für kleine Momente. Das Gefühl, zusammenzugehören, wog weit mehr.

Wer den neuen Gesetzen und der Verherrlichung der Arbeit misstraute, dahinter bloss eine Tarnkappe für Mussolinis Streben zur Macht sah und dies öffentlich kundgetan hatte, hatte sich längst in Keller und Winkel verkrochen. Oder war schon gar nicht mehr am Leben.

Nach Monaten kam wieder einmal ein Lebenszeichen von Berthas Schwester Marie. So entbehrungsreich wie in Rom sei der Alltag in Zürich nicht, aber sie müsse jeden Bissen einteilen, berichtete sie. «Viele sind arbeitslos. Und wer noch eine Stelle hat, verdient so wenig, dass er kaum die Familie durchbringen kann. Immer wieder wird gestreikt. Konrad hat zum Glück bei der Bahn eine sichere Stelle. Manche sehen im Auswandern den letzten Ausweg. Auch Konrads Zwillingsbruder Richard. Das Hotel in Kairo, das er geführt hatte, ist Konkurs gegangen. Mit dem Wenigen, das ihm noch geblieben ist, will er nach Amerika. Bis zur Überfahrt wohnt er bei uns. Zwar weiss ich manchmal gar nicht, mit was ich heute wieder die Mäuler stopfe. Aber auf eines mehr oder weniger kommt es nicht an. Eine dicke Suppe mit Resten kratze ich dann doch noch immer zusammen. Leid tun mir bloss die Kinder, die noch wachsen müssen.»

Auch Bertha zerbrach sich wie die meisten Römerinnen den Kopf, wo sie Mehl für die Pasta bekommen konnte. Oft ging sie für Milch, Eier und Käse, was ohnehin nur mehr sporadisch zu haben war, kilometerweit zu Fuss in entfernte Quartiere; zudem boten die Gemüsestände gegenüber früher ein armseliges Bild. Auf den Markttischen lagen in den Wintermonaten wie verloren gerade ein paar Rüben, etwas Lauch und ein Häufchen Petersilie. Zumindest habe sie, was die Kräuter anbelange, vorgesorgt, notierte sie ins Tagebuch. Der ganze Balkon sei mit Töpfen vollgestopft. Tomaten und Peperoni würden da ebenfalls prächtig gedeihen. Fleisch gäbe es nur selten. «Herrjemine.» Sie müsse froh sein, ein Häppchen Innereien für die Saucen zu ergattern. Und Luigi bringe kaum mehr Reste aus der Hotelküche nach Hause. Ab und zu eine Flasche Olivenöl oder etwas Kaffee, der allerdings nicht lange reiche. Der Verzicht auf Kaffee und Süssspeisen falle ihr dabei am schwersten. Sie sei gezwungen, aus fast nichts etwas Geniessbares zu kochen. Doch könne sie auftischen, was sie wolle, alle seien voll des Lobes. «Was für eine Freude», hätten sie neulich dankbar geschwärmt, «wieder einmal eine *coda alla vaccinara*.» Der Metzger habe ihr den halben Schwanz eines Ochsen aufgehoben. Diesen habe sie den ganzen Morgen über schmoren lassen. Nur Luigi würge an jedem Bissen, sorgte sich Bertha, jeder Löffel Suppe klebe an seinem Gaumen. Und frage sie, ob es ihm denn nicht schmecke, antworte er: «Ja, doch Liebste, alles, was du kochst, schmeckt mir vorzüglich. Aber der Appetit will nicht kommen. Er fehlt mir in letzter Zeit oft.»

Während des häuslichen Zusammenrückens gewann Bertha ihren Neffen immer lieber. Giovanni setzte sich während des Essens neben sie, lobte ihre Kochkunst und schmeichelte seiner Zia auch sonst bei jeder Gelegenheit. Und mit gewitzten Fragen, wie etwa woher dieser Mussolini das Geld für die vielen grossen Häuser nähme, und mit selbst erfundenen Wortspielen versuchte er, seinem Paten Luigi zu imponieren.

«Seit einer Woche wohnt Giovanni bei uns», notierte Bertha ins Tagebuch. «Seine Mutter erwartet ihr zweites Kind. Die Stunde der Geburt steht kurz bevor. Loredana hat während der ganzen Schwangerschaft mit Problemen gekämpft. Jetzt hat sie auch noch das Fruchtwasser verloren und verspürt immer wieder wilde Wehen, die starke Blutungen auslösen. Oft ist sie zu schwach, um ihr Bett zu verlassen. Wir machen uns grosse Sorgen. Und Francesco ist völlig hilflos.»

Kurz vor Weihnachten war es so weit. Aber es wurde ein trauriges Ereignis. Das Kind, ein Mädchen, kam tot zur Welt, erwürgt von der Nabelschnur. Und wenig später starb auch die Mutter.

«Francesco ist ganz verzweifelt», schrieb Bertha ins schwarze Buch. «Er isst kaum mehr. Redet nicht. Stiert nur noch vor sich hin und findet keinen Anschluss mehr an den Alltag. Luigi leidet mit. Loredana bedeutete für Francesco alles. Mit ihr ist ein Teil von ihm selber gestorben. Er wirkt wie nicht mehr lebendig. Fühlt sich fremd in seiner Haut, wirkt schwermütig. Seine Arbeit erledigt er fast wie in Trance. Ich mache mir grosse Sorgen.»

Noch vor dem Frühjahr erkrankte Francesco an Grippe, bekam hohes Fieber und delirierte. Bertha und Gelsomina packten seine Füsse pausenlos in Essigwickel und versuchten, seine Lebensgeister zu wecken. Umsonst. Er verweigerte nicht nur jedes Essen, auch trinken wollte er nicht. In der dritten Nacht starb er.

Der elfjährige Giovanni war jetzt elternlos. Und wie das in diesem Fall vorgesehen war, trat der Pate oder die Patin an die Stelle der verstorbenen Eltern. Für Luigi war es selbstverständlich, dass er und Bertha sich um den Jungen und seine Zukunft kümmerten. So wurde Berthas Wunsch doch noch auf eine Weise erfüllt. Sie und Luigi liebten Giovanni wie einen leiblichen Sohn. Dabei konkurrierten sie stets ein bisschen um seine Gunst. Das merkte der aufgeweckte Junge und spielte seine neuen Eltern gegeneinander aus, nützte vorab die Nachgiebigkeit seiner Zia aus, die ihm ab und zu Geld zusteckte, ohne nachzufragen, was er damit anzufangen gedenke. Bertha verwöhnte ihn, schlug ihm kaum einen Wunsch aus, liess fast alles durch und genoss seinen Überschwang. Und sie tat, als glaubte sie ihm, wenn er versprach, nicht mehr zu spät zu kommen, ihr bei der Wäsche zu helfen, diese zum Trocknen an die Leine zu hängen – wenn er jetzt nur endlich zu seinen Freunden gehen dürfe.

Luigi fand indes, Bertha verwöhne ihren Neffen allzu sehr. Sie verweichliche ihn. Vielmehr müsse man seinen Charakter stärken, fand er, soll aus ihm kein weicher Lappen werden. Der Junge sei intelligent, habe durchaus das Zeug für einen Priester. Daraus werde jedoch nichts, wenn er nicht früh schon übe, auf die Erfüllung seiner Wünsche zu verzichten. Das Priesteramt sei seine Berufung, dafür sei er begabt, meinte Luigi, ja eigentlich prädestiniert. Der Bub könne gut reden. Das sehe man ja, wie er seine Tante um den Finger wickle. Dass er hübsch sei, sei vielleicht in diesem Fall kein Vorteil. Aber er werde damit schon fertig. Das Leben sei zu hart, um darin ohne rechte Vorbereitung bestehen zu können. Er war sich als Pate und nun Ziehvater seiner Autorität sicher. Allein durch sein Auftreten, immer gut gekleidet, witzig und, wenn auch etwas streng, so doch von ausgewogener Güte und Grossmut, verblüffte er ihn.

Aber Giovanni wollte nicht Pfarrer werden. Das sagte er so direkt nur seiner Tante und gab nur ihr gegenüber offen zu, dass ihn die Mädchen viel zu sehr interessierten. Er wolle einmal heiraten und Kinder haben, erklärte er. Doch Bertha beruhigte ihn: «Das wird sich alles ändern, wenn du im Priesterseminar bist. Du wirst dich bestimmt daran gewöhnen. Und wenn nicht, so ist der Herr zumindest barmherzig und verzeiht denen, die ihre Sünden bereuen – selbst die schwersten. Das ist doch ein schöner Vorteil.»

Trotz prekärer politischer Weltlage und Luigis Bedauern, sie diesmal nicht begleiten zu können, fuhr Bertha mit dem Jungen Anfang

Sommer zu ihrer Mutter nach Bad Ragaz. Er könne ihnen auch nicht nachreisen, hatte Luigi erklärt, er habe in diesen Wochen einige wichtige Besprechungen. Doch hatte er darauf bestanden, dass sie ihre Reisepläne dennoch verwirkliche, ihre betagte Mutter wieder sehe und die Hitzezeit in der Frische ihrer kleinen Wohnung verbringe.

In Wirklichkeit hielt ihn jedoch etwas anderes zurück. Aber davon sagte er kein Wort. Sein Magen schmerzte ihn mittlerweile Tag und Nacht. Oft wurde ihm plötzlich schwindlig. Dann wieder flossen beim Lesen die Buchstaben ineinander. Beim Essen blieben ihm die Speisen im Hals stecken. Nachts warf er sich hin und her, wachte schweisstriefend auf, versuchte fröstelnd, den Schweiss in den Hautfalten und Gelenkhöhlen mit seinem Nachthemd zu trocknen. Er fühlte sich unendlich müde.

Zurück in der alten Heimat, zeigte Bertha Giovanni all die Plätze ihrer Kindheit und Jugend, und wo sie als Mädchen den Hotelgästen elektrisch gewärmte Badetücher gereicht hatte. Sie tranken Kaffee und assen Kuchen auf der Terrasse über der Tamina. Und sie hörten dem wütenden Wasser zu, das nach dem nächtlichen Gewitter dem Rhein zu raste. Aber der Junge fühlte sich hier fremd, einsam und verloren, konnte weder mit andern Jungen spielen, noch verstand er Berthas Mutter und Geschwister, die eine nach dem andern ihre weltgewandte Schwester sehen wollten. Er dachte nur immer an seine Kollegen, das Quartier, an die Strasse. Die vier Wochen kamen ihm endlos vor.

Als sie wieder zuhause in Rom waren, erschrak Bertha. Luigis Gesicht war farblos fahl, sein Körper abgemagert und nur noch ein von Haut überzogenes Skelett. Wohl hatte Bertha vor ihrer Abreise bemerkt, dass er sich verändert hatte; dass er sich wie unter eine Glocke von Gleichgültigkeit abkapselte, dass ihn immer weniger interessierte, Dinge, die früher seine Wut erregt hatten, ihn nun unberührt liessen. Angefangen hatte es damit, dass die kleinste Anstrengung grösste Erschöpfung verursachte, schon wenig Alkohol genügte, ihn zu berauschen, und dass sich Fantasien in fixe Ideen verwandelten. Auch hatte sie festgestellt, dass sein Gedächtnis schwächer wurde, dass er manchmal auf dem Weg zu einer Verrichtung vergessen hatte, was er machen wollte. Aber sie sagte nichts, fragte nicht, mochte nicht in ihn dringen. Er war einer, der nicht davon reden wollte, wenn ihm etwas fehlte.

So plötzlich seine Krankheit ausgebrochen war, so lange hatte sie sich im Verborgenen Zeit gelassen, sich schleichend verschlimmert. Dann war sie da, gross und alles verdrängend; hatte seinen Magen zerfressen und metastasierte in alle Körperteile. Feste Speisen konnte er nicht mehr essen. Hilflos musste Bertha zusehen, wie die Zeit dem Zerfall zuspielte, wie die Haut immer dünner und pergamenten wurde, die Augäpfel tiefer in die Höhlen sanken und der Mund zum schmalen, violettblauen Strich schrumpfte. Sie sah und wollte ihn doch nicht sehen: den Tod in seinem Gesicht. Sah, wie er dalag: kraftlos, hinfällig. Eigentlich noch nicht im Alter, in dem das Leichentuch über einem schwebt. Ein heftiger Widerstreit zerrte an ihr. Der Glaube ans Jenseits, die Hoffnung auf ein besseres Leben, schwankte wie Schilf im Wind und knickte ein. Hader nahm zeitweise in ihr überhand. Seltsamerweise spürte er nun kaum mehr Schmerzen. Ins Krankenhaus wollte Luigi nicht. Bertha pflegte ihn zuhause. Angela und Gelsomina halfen ihr dabei.

Zwei Wochen und zwei Tage nachdem er sich ins Bett gelegt hatte, starb Luigi Perin Mantello 52-jährig am 1. November 1932. Verwandte und Freunde lösten einander bei der Totenwache ab und schickten Bertha, die dreissig Stunden dagesessen hatte, ins Bett. Sie liess es geschehen.

Eingang zum monumentalen Friedhof Campo Verano.

Am Tag der Bestattung wehte der kalte Nordwind, der *tramontana*. *Perdere la tramontana*, den Kopf, die Fassung verlieren, fuhr es Bertha durch den Kopf. Obwohl es nach wie vor an allem mangelte, fehlten weder Blumenschmuck noch Pferdegespann. Und alle erschienen sie, von den Putzfrauen bis zum Hoteldirektor, selbst die Stammgäste begleiteten Perino. Das «Excelsior» stand an diesem Tag praktisch leer. Doch Bertha hörte kaum die gedehnten Klänge der Bläser und merkte nicht, wie der Trauerzug im Takt von der Via Piave in die Via Palestro bog und sich weiter durch die Via Tiburtina zum Friedhof schleppte. Sah nicht, wie Leute am Strassenrand stehen blieben und sich bekreuzigten. Luigis Freunde spielten die Trauermärsche inbrünstig gefühlvoll. Sie ging, gestützt von Emilio, dem letzten der Perin-Mantello-Brüder, hinter dem von einem Rappen gezogenen Wagen mit dem Sarg, auf dem kunstvoll geflochtene Kränze und Blumengebinde lagen.

Erschöpft und mit Blasen an den Füssen erreichte sie den Campo Verano. Roms Monumentalfriedhof war ein perfektes, verkleinertes Abbild der Stadt: endlose Reihen von Grabplatten und Monumenten, Grabsteinen, die einen von Efeu umrankt und von Buschwerk überwuchert, etliche seit Jahren sich selbst überlassen, so dass Identitäten im Laufe der Zeit wegen der Rückeroberung durch die Natur unsichtbar waren. Villenartige Mausoleen säumten die zentralen Strassenzüge, abseits an den Rändern die Nischen von Mietskasernen für die Namenlosen und Habenichtse; ein Konzentrat, der Bodensatz der Lebenden.

Von all dem nahm Bertha nichts wahr. Die tröstenden Worte Don Romerios in S. Lorenzo fuori le Mure drangen wie von weit her an ihr Ohr. Was sie sonst in Entzücken versetzt hätte – das prächtige Triumphbogenmosaik und das Mamorziborium, der von Säulen getragene Baldachin über dem Tabernakel in der dreischiffigen Basilika – verschwanden im Düstern. Auch zerflossen vor ihren Augen die fantastischen Mosaike und Ornamente des wunderbaren Cosmatenfussbodens zu einem indifferenten Farbenmeer. Nicht einmal weinen konnte sie. Sie fühlte sich wie aus Stein. Kalt und schwer.

Tarnname für Dickschädel Giovanni

Mechanisch zog Bertha morgens die schwarze Bluse, den schwarzen Rock, den schwarzen Mantel und die schwarzen Schuhe an, setzte den schwarzen Hut mit Schleier auf und ging aus dem Haus. Zwei lange Jahre. Am Ende dieser offiziellen Trauerzeit – noch immer hing ein grauer Schleier über den Tagen und Wochen – liess sie sich von der Schneiderin neu ausstaffieren: für jede Jahreszeit die nötige Anzahl Blusen, Röcke, Kostüme und Mäntel; alles in Grau, alles in klassischem Schnitt, alles aus bestem Tuch, das eine Ewigkeit halten würde, so dass sie bis ans Ende ihres Lebens versorgt sein sollte. Ferner fertigte ihr der Schuster für alle Wetterlagen je ein Paar Schuhe nach Mass an. Und die Hutmacherin machte ihr vier kleine schwarze Hüte, die sie nun immer, bevor sie das Haus verliess, aufsetzte, da ihr Haar sich stellenweise schon stark gelichtet hatte. Zuhause schlang sie stets ein seidenes Tuch eng um ihren Kopf. Luigis Ring hatte sie, wie das der Brauch war, an den Ringfinger der linken Hand über den ihren gestülpt. Sonst hatte sie allen Schmuck in Schatullen vergraben. Wozu auch und für wen sollte sie sich noch schmücken? Oft beschlich sie das Gefühl, als ginge sie neben sich her und jemand anderer kaufte ein, kochte, wusch und putzte. Angela schaute fast täglich vorbei und versuchte sie etwas aufzumuntern. Emilio half ihr beim Erledigen all der unvermeidlichen Formalitäten.

Ihren bisherigen Lebensstandard konnte Bertha dank einer Rente und der Erträge des Vermögens, das Luigi ihr hinterlassen und umsichtig auf Schweizer Banken angelegt hatte, soweit es die derzeitigen Verhältnisse überhaupt zuliessen, weiterführen.

Die Sonne schien gerade durch die geschlossenen Fenster, als Bertha ihr Tagebuch wieder einmal hervorholte. Tausende Staubpartikel tanzten auf einer Handvoll Strahlen. «Diese Scheiben sollten wieder einmal gereinigt werden, man sieht ja nichts als schlierige Striemen; überhaupt dieser Staub; im Frühling ruft alles nach putzen», dachte sie, während sie zur Feder griff. Die vergangenen Monate fanden im schwarzen Buch keinen Niederschlag, kein Wort, keine Notiz; nichts hatte sie dazu getrieben, keine Klage.

Langsam putzte sie die Stahlfeder, tunkte sie in die schwarze Tinte und führte sie in regelmässigen Zügen übers Blatt: «Das Alleinsein in der Wohnung ist am schlimmsten. Die Erinnerungen. Was soll ich nur mit Luigis Anzügen, seinen Hemden, Schuhen und Hüten machen? Jeder Gegenstand versetzt mir einen Stich. Morgens schon, wenn ich aufstehe. Das Bett neben mir leer. In der Nacht, wenn alles ruhig ist, wache ich auf. Dann höre ich auf jeden Ton und bin froh, wenn von der Strasse her Schritte oder Stimmen zu hören sind. Luigis Schnarchen, es war eher ein regelmässiges, geräuschvolles Atmen, hat mich dann, wenn ich aufwachte und nicht mehr einschlafen konnte, beruhigt und eingeschläfert. Das fehlt mir jetzt. Aber ich darf nicht klagen, darf nicht immer nur an ihn denken. Giovanni und Angela sind auch noch da.»

Auch Emilio fragte jeden Morgen, was er für sie tun könne. Aber irgendetwas stimmte nicht. Das spürte Bertha. Seine fast schon übertriebene Aufmerksamkeit beunruhigte sie. Doch sie verscheuchte die Gedanken. Eines Abends, er sass wie immer ihr gegenüber am Tisch in der Küche, meist sprachen sie nicht viel, die dünne Kartoffelsuppe hatten sie wortkarg gelöffelt und geschlürft, sie wollte sich eben erheben, hielt er sie zurück. Er müsse ihr etwas sagen. Etwas Wichtiges. Sie sah, wie er verlegen mit den Fingern spielte, Blut in seine bleichen Wangen schoss. Er suchte nach Worten, wusste nicht, wohin mit den Händen, biss auf den Lippen herum und kratzte sich am Haaransatz. Endlich rückte er damit heraus. Er wolle, das gehöre sich so, an die Stelle seines Bruders Luigi treten und sie heiraten. Das sei er ihr und seinen toten Brüdern schuldig. Noch nie hatte sie den Schwager so feierlich und unbeholfen reden gehört. Nie ein Anzeichen dafür bemerkt, dass er für sie mehr als freundschaftlichen Respekt empfand. Und nun dieser Antrag! Bertha wurde schwindlig. Sie hielt sich am Tisch fest. Natürlich wusste sie von dieser Sitte, wonach ein Bruder oft die eheliche Stelle des Verstorbenen einnahm. Auch, dass dies hierzulande Ehrensache war. Aber das wollte sie nicht, um nichts in der Welt. Sie wusste, dass es nicht zuletzt darum ging, das eheliche Vermögen in der Linie des Mannes zu erhalten, was als handfestes Interesse in jeder Familie noch immer sehr lebendig war.

Sie mochte Emilio zwar gut leiden – er hatte ihr immer gute Gesellschaft geleistet, sie nach Hause begleitet, beschützt, vom Bahnhof abgeholt, wenn Luigi nicht abkömmlich war –, doch Liebe oder gar Leidenschaft hatte sie in seiner Gegenwart nie verspürt. Dass er sich schon als Bub verdrückt hatte, wenn sich die anderen balgten und prügelten, einander Mut- und Kraftproben abverlangten, wusste sie von Luigi. Schon gar nicht hätte Emilio ein Mädchen angefasst oder geküsst. Er schaffte es auch später nicht. Wagte er es dennoch, eine Frau anzusprechen, tat er das so ungeschickt, dass diese sich abwandte. Weil er gleich mit der Tür ins Haus fiel, lief jede erschreckt davon. Gerne hätte ihm Bertha Luigis teuren Anzüge, seine eleganten Schuhe und die Hemden gegeben. Doch Emilio war kleiner als sein Bruder. Auch schmaler.

Tagelang dachte sie darüber nach, wälzte sich in schlaflosen Nächten, suchte nach Auswegen, nach Worten, wie sie es ihm sagen soll, ohne ihn zutiefst zu verletzen. Dabei fiel ihr seine weitere Anwesenheit immer schwerer. Das fast schwesterliche Vertrauen ihm gegenüber war wie weggefegt. Er war ihr lieb, aber niemals könnte sie ihn lieben. Überhaupt konnte sie sich nicht vorstellen, jemals wieder einem Mann so nahe zu sein wie Luigi; undenkbar, jemals wieder zu heiraten. Für sie gab es einzig ihn. Und jetzt die Erinnerung an ihn.

Emilios Ansinnen kam ihr wie eine Grenzüberschreitung vor, wie ein Band, das zerrissen war. Sie ertrug seine Gegenwart kaum mehr. Obschon sie ihn das nicht spüren lassen wollte. Sie musste eine Lösung für diese unerträgliche Situation finden. Er musste fort. Am besten fort von Rom. Gewöhnlich wurden derlei Probleme familienintern gelöst. Bertha dachte an ihre Schwester in Zürich. Dort sollte er eine Arbeit suchen und bei Marie und Konrad in der kleinen Genossenschaftswohnung Kost und Logis erhalten, bis er eine Stelle gefunden hatte. Marie war in solchen Dingen unkompliziert. Das wusste Bertha, also schrieb sie ihr.

Liebe Marie,
Ihr wisst nicht, wie mir zumute ist. Hier gilt noch immer die Sitte, dass im Todesfall der überlebende Bruder die Witwe zur Frau nimmt. Emilio hat mir also neulich gesagt, als letzter Perin Montello sei es seine Pflicht, mich zu heiraten. Das ist unmöglich. Luigi war für mich ein und alles. Nie mehr will ich heiraten. Ich weiss, dass Emilio das tun musste. Er ist ein guter, zuverlässiger und lieber Kerl. Nach seinem Heiratsantrag kann er unmöglich weiterhin in seinem Zimmer bei mir wohnen. Meine Frage: Könnte er nach Zürich kommen und eine Zeit lang bei Euch wohnen, bis er eine Stelle gefunden hat? Er

ist ein tüchtiger Maurer und Stuckateur. Ich weiss, dass Ihr in Eurer kleinen Wohnung eng zusammenrücken müsstet und dass zu Euren Fenstern auch keine gebratenen Tauben hereinfliegen. Ihr würdet mir jedoch einen mächtig grossen Gefallen tun. Bitte schreib mir bald. Ich umarme Dich.
Liebe Grüsse auch an Konrad und die Jungen, Bertha

Sie soll Emilio nur nach Zürich schicken, antwortete Marie postwendend. Sie würden sich freuen. Er sei ihnen sehr willkommen. Von seinem fröhlichen Temperament habe Bertha ihnen ja genügend berichtet. Robert sei bald mit der Lehre fertig und wolle anschliessend nach Paris, um Französisch zu lernen. Auch Elsa ziehe demnächst aus; sie trete in Luzern eine neue Stelle in einer vornehmen Bijouterie an. Emilio könne dann im kleinen Zimmer logieren, wo schon Konrads Zwillingsbruder, bevor er nach Amerika verreiste, geschlafen habe. Ein tüchtiger Handwerker, wie Emilio einer sei, werde bald eine Arbeit finden.

Zerknirscht und enttäuscht, ohne nochmals davon zu reden, packte Emilio seine Koffer und verliess Bertha und Rom. Und fand tatsächlich in Zürich bald schon als Maurer sein Auskommen. Aber von seinem fröhlichen Temperament war keine Spur mehr übrig.

Als Marie sah, wie er sonntags missmutig und traurig in seinem Zimmer hockte, liess sie nicht locker, ihn zu ermutigen, Kontakt zu seinen Landsleuten zu suchen. Konrad hatte ihr erzählt, dass sich die italienischen Emigranten jeweils an den Wochenenden in ihrem Zirkel treffen, wo sie Karten und Boccia spielten, diskutierten und sangen.

Anfangs schüttelte Emilio bloss den Kopf, wenn sie ihm den Emigrantentreff in den leuchtendsten Farben schilderte. Dort werde er sich bestimmt mit Kollegen austauschen können und hören, was in seiner Heimat passiere; auch komme er beim Karten- oder Bocciaspielen auf andere Gedanken, und wer weiss, treffe er dort vielleicht ein nettes Mädchen, denn auch Frauen besuchten diesen Zirkel, der sich übrigens gar nicht weit von ihrem Haus entfernt befinde, ein Mädchen gar, das er heiraten wolle; dafür sei es noch lange nicht zu spät. Ledig zu bleiben, dafür sei er nicht geschaffen, ein typischer Junggeselle sei er ohnehin nicht, nicht geeignet, sein Leben allein zu verbringen; er solle sich endlich ein Herz fassen und diese Gelegenheit beim Schopf packen, der Emigrantentreff sei nämlich das Beste für Heimwehkranke wie ihn. Unaufhörlich, wie der stete Tropfen den Stein löchert, redete sie ihm zu, bis sich seine depressive Erstarrung löste, sein Widerstand erlahmte.

Fast jeden Sonntag traf Emilio nun Landsleute, gewann seine alte Fröhlichkeit zurück und lernte schon nach wenigen Wochen seine grosse Liebe kennen: Carla aus Sizilien, die Abend für Abend in den Büros einer grossen Bank putzte und ebenso schüchtern und unbeholfen wie er war, ebenso heftig an Heimweh litt. Sie warteten nicht lange, heirateten und bezogen im Arbeiterviertel eine kleine Wohnung. Zurück nach Italien wollten beide nicht mehr. Rom war für Emilio ohnehin tabu. So blieb er dort, wohin ihn seine Schwägerin verbannt hatte, bis zu seinem Lebensende.

«Jetzt bin ich ganz allein», schrieb Bertha im Frühsommer ins Tagebuch. «Und auch Mutter lebt allein im Haus. Das Bertheli, mein Patenkind, das sie grossgezogen hat, ist erwachsen und nun schon länger fortgezogen. Schade, wollte das Mädchen nicht eine bessere Ausbildung. Ich hätte ihr den Aufenthalt in einem guten Internat bezahlt. Aber das wollte sie um nichts in der Welt. Viel lieber serviert sie in einer Dorfwirtschaft. In der Gaststube in Mels gefällt es ihr. Da ist sie unter den Dorfleuten. Da fühlt sie sich wohl. Hier hat sie auch ihren Mann kennengelernt. Ich denke, wenn ich diesen Sommer wie immer in Bad Ragaz verbringen werde, werde ich Mutter überreden, zu mir nach Rom zu ziehen. Platz ist genug da. So kann ich ihr den Lebensabend erleichtern und mit ihr jeweils im Sommer zwischen Rom und Ragaz pendeln. Wir sind ja jetzt beide Witwen.»

Ende Juli 1939 stieg Bertha im Bahnhof Bad Ragaz aus dem Zug. Ein Gewitterregen hatte die heisse Strasse abgekühlt; Dampf stieg aus den Pfützen. Sie nahm ein Pferdetaxi. Brunnen, Apfelbaum und das gegen Westen vom Regen nasse Schindelkleid weckten Erinnerungen. Die Mutter hörte sie nicht die Haustür öffnen. Auch nicht als Bertha in die Stube trat, wo sie am Tisch sass und Strümpfe stopfte. Verwundert sah sie auf und fragte: «Wo kommst denn du her?» Mutters Gehör schwächelte seit Längerem. Überhaupt schien sie Bertha nur noch ein Schatten ihrer selbst. Ihre frühere Muskelkraft hatte sie verloren, ihr Lebensmut war weitgehend geschrumpft. Bertha musste nicht lange reden. Die Mutter war sofort einverstanden, zu ihr nach Rom zu ziehen.

Noch bevor sie alles erledigen konnte und all die alten Bekannten besucht hatte, kam ihr im Quellenhof, als sie mit dem Concierge plauderte, zu Ohren, die Deutschen seien in Polen einmarschiert. Eilends stürmte sie nach Hause, las die Zeitungen und verfolgte das Geschehen den ganzen Tag am Radio. Mussolini habe versucht, hiess es, Hitler vom Überfall auf Polen abzuhalten; jetzt zögere er, die Armee zu mobilisieren. Die Grenzen nach Italien waren somit noch passierbar, dachte Bertha und entschloss sich zur sofortigen Rückreise. «Wir packen jetzt schon die Koffer und reisen morgen ab», teilte sie der Mutter am Abend mit. «Wer weiss, wie lange es geht, bis auch in Italien der Krieg ausbricht.»

Zurück in Rom, warteten dringende Erziehungspflichten auf sie. Aber Bertha fühlte sich je länger desto weniger dieser Verantwortung gewachsen. «Aus einem Jungen, der nur unter Frauen aufwächst, wird nichts Rechtes», erklärte sie der Mutter, «ein Junge in diesem Alter braucht den Vater, und wenn dieser nicht mehr da ist, dann eben einen anderen Mann, den er als sein Vorbild nehmen kann. Diese Rolle kann ich beim besten Willen nicht spielen. Luigi und ich, wir haben uns immer vorgestellt, eine Priesterlaufbahn wäre für Giovanni das Richtige. Darum schicke ich ihn ins Internat. Ein Geistlicher in der Familie ist immer gut.»

Anfänglich sträubte sich Berthas Ziehsohn mit allen ihm einfallenden Ausflüchten gegen den Ort, der ihn der Welt entrücken sollte. Doch als er merkte, dass es seiner Zia ernst war, sie sich diesmal durch keine noch so charmante Pirouette umstimmen liess, ihn immer wieder daran erinnerte, dass dies auch sein verstorbener Pate wünschte, liess er sich davon überzeugen, dass ein Priester nicht bloss Messen feiern, Beichten hören, taufen, Ehen schliessen und Sterbesakramente erteilen müsse. Sorge einer mit weisen Ratschlägen für Friede unter den Streithähnen in seiner Gemeinde, würde er einem guten Richter zumindest ebenbürtig, argumentierte Bertha. Sie wusste, dass ihr Neffe viel lieber Jurisprudenz als Theologie studieren wollte. Schon als kleiner Knabe wollte er wissen, wie eine Gerichtsverhandlung vor sich ging. Nichts interessierte ihn mehr, als wie jemand zu seinem Recht kam, dem ein Unrecht widerfahren war. Oder wie jemand, der eine böse Tat begangen hatte, dafür bestraft wurde. Schliesslich beugte sich Giovanni ihrem Wunsch.

«Endlich hat der Dickschädel kapiert», notierte Bertha abends vor dem Schlafengehen ins Tagebuch.

Doch kaum hatte sich Giovanni an die Regeln gewöhnt, den strikten Tagesablauf, Tagwache um halb sechs und Bettruhe um elf Uhr, beten und lernen, widmete er sich, wann immer Zeit dafür übrig blieb, seinen eigenen Interessen und kannte die Gesetze bald besser als die heilige Schrift und den Katechismus. Er schloss sich einer Gruppe älterer Kollegen an, die wie er mehr auf Drängen einflussreicher Verwandter das Studium aufgenommen hatten. Sie interessierten sich mehr für das, was nebenher lief, als für Latein und Liturgie, setzten sich lieber mit aktuellem weltlichem Geschehen auseinander als mit Fragen des Kirchenrechts.

Heimlich verschlangen sie Antonio Gramscis Tagebücher und Schriften, die «Quaderni del Carcere». Das faschistische Regime hatte den Mitgründer und ersten Sekretär der Kommunistischen Partei Italiens zu zwanzig Jahren Haft verurteilt. Nonnen und Seelsorger schmuggelten seine Kerkerhefte aus dem Gefängnis. Er war Teil ihres geistigen Rückhalts. Für ihn würden sie durchs Feuer gehen, für die Ideale einer besseren Gesellschaft, wenn nötig, wie die Märtyrer sterben. Zur Pflichtlektüre gehörte auch die Zeitschrift «L'ordine nuovo», die Antonio Gramsci herausgab und die 1926 verboten wurde. In geheimen Zusammenkünften schworen sie einander, dem in der Welt herrschenden Bösen mit Vehemenz entgegenzutreten. Den Weg zu diesem Ziel sahen sie aber nicht nur in geistigem Widerstand, sondern aktiv, im Aufbau einer Untergrundbewegung.

Die konspirativen Zöglinge waren überzeugt, ihre Zeit werde kommen und gaben sich im Hinblick darauf bereits konspirative Namen. Giovanni Perin Mantello bekam für seine zielstrebige Unerschrockenheit den Tarnnamen *guerriero,* der Krieger. Den *nom de guerre* würde er zeitlebens behalten.

Doch zunächst marschierten die Stiefel der Faschisten unaufhaltsam vorwärts, zertrampelten alles, was sich ihnen entgegenstellte. Der Vatikan bewegte sich gegenüber der faschistischen Diktatur und seiner königlichen Marionette diplomatisch im Zickzackkurs. Anfänglich kooperierte der Heilige Stuhl. Pius XI. wurde dafür mit der Souveränität über den Vatikan belohnt. Als aber Mussolini auf Hitlers Druck die Rassengesetze erliess, entzog der Papst dem Duce die

Gunst. Immerhin waren seit der Antike keine Juden mehr aus Rom vertrieben worden. In drei Enzykliken geisselte der Papst den Rassenhass. Wodurch die oppositionellen Kräfte im katholischen Klerus praktisch den Segen für ihr Tun bekamen. So wuchsen die Gruppen im kirchlichen Untergrund.

Giovanni und seine Gefährten halfen mit, Fäden unter den Pfarreien und Klöstern der Stadt sowie zu den umliegenden Landgemeinden zu einem Netz zu knüpfen. Die Umgebung von Perugia wurde Giovanni anvertraut. In den umbrischen Hügeln kannte er sich aus; hier hatte er bei Verwandten einen Teil seiner Jugend verbracht, hatte als Knabe während der Schulferien seinem Onkel als Ministrant gedient, ihm Wein und Wasser gereicht, das Messglöcklein geläutet und an Festtagen das Weihrauchfass geschwungen. Und sobald er genügend Kraft und Gewicht hatte, durfte er sonntags am dicken Strick ziehen, so dass das Glockengeläut über alle Hügel ertönte. Er kannte die Gegend nördlich von Perugia wie seine Jackentasche. Die Familie seiner Mutter lebte in Perugia von den Einkünften einer Lebensmittelhandlung.

In den Ministerien in Rom hatte er ebenfalls Vertrauensleute, noch warme Beziehungen seines verstorbenen Paten, darunter sehr viele Frauen, die ihm später falsche Papiere und Ausweise verschafften. Jedenfalls hatte er alle Hände voll zu tun.

Bertha ahnte nur, dass er vor ihr etwas verheimlichte. Seine Besuche verringerten sich zwar merklich. Sein Verhältnis zu ihr blieb jedoch wie immer herzlich. Oft war sie versucht, ihn zur Rede zu stellen. Doch dann verwarf sie den Gedanken; sie wollte ihn nicht zum Lügen verleiten und dachte: «Irgendwann, wenn die Zeit reif ist, wird er mich aufklären.» Den Idealen ihres Neffen stand sie zwiespältig gegenüber, fühlte sich hin und her gerissen. Aber sein Mut erfüllte sie mit mütterlichem Stolz. Nur sorgte sie sich, wenn er seine Träume scheinbar unbekümmert vor ihr ausbreitete und laut über die herrschenden Zustände schimpfte: «Es gibt doch nur einen Weg, liebe Tante, die Gerechtigkeit, die Menschlichkeit müssen siegen. Darum darf es keine Armen und Reichen mehr geben, keine Herren und Knechte.»

Ein Jahr war vergangen, seit Bertha ihre Mutter zu sich geholt hatte. Mussolini machte mobil und trat an Hitlers Seite in den Krieg. Alle jungen gesunden Männer wurden zum Militärdienst eingezogen. Angehende Priester wie Giovanni blieben jedoch verschont. Auf einen trostlosen Sommer folgte ein nicht minder trostloser Herbst. Berthas Mutter wurde von Tag zu Tag hinfälliger. Sie schlief meist schlecht. Verharrte tagsüber in der Nähe des Fensters in einem Stuhl. Bertha pflegte sie, wusch und salbte morgens und abends ihre offenen Beine. Es schien, als fliesse aus diesen nicht heilen wollenden Wunden unaufhörlich ihr Lebenssaft. Sie schrumpfte unter ihrer ledernen Haut und wurde durchsichtig wie Pergament. Bertha ahnte, dass sie nur noch kurze Zeit leben würde.

Edwina Looser starb umstandslos. In einer eisigen Februarnacht im Kriegsjahr 1941 wachte sie einfach nicht mehr auf. Die Bestattung fand ohne ihre Angehörigen aus der Schweiz statt. Still und bescheiden zog diesmal das Grüppchen schwarz Gekleideter von der Via Piave zum Friedhof Campo Verano. Bertha ging zwischen Angela und Giovanni, die sie an den Armen hielten und stützten. Den Sarg ihrer Mutter legte man neben den von Luigi Perin Mantello.

Briefe und Päckchen unter weiten Röcken

In Rom nahm das Leben seinen Lauf. Am 27. Juli 1943 notierte Bertha: «Ohne Giovannis Berichte sässe ich komplett im Ungewissen. Doch manchmal denke ich, ich wüsste lieber weniger. Überall stehen sie jetzt mit Maschinengewehren. Jeden Tag höre ich Schüsse, häufig mitten in der Nacht. Es ist furchtbar. Ich wage kaum mehr, das Haus zu verlassen.»

Von Giovanni, der nun wieder öfter bei ihr erschien, meist nur auf einen kurzen Kaffee – «Zia, ich muss gleich wieder gehen» – oder, wenn's viel war, auf ein Mittagessen, wobei er manchmal plötzlich wie von der Tarantel gestochen hochschoss und erklärte, er müsse dies oder jenes erledigen, und zwar sofort, von ihm erfuhr Bertha, was sich in der Stadt, im Land und in der Welt ereignete. Immerhin, die Ereignisse hielten sie in Atem und lenkten sie vom Grübeln ab.

Auch die Geschichte nahm ihren Lauf. Vor wenigen Tagen waren die Alliierten in Sizilien gelandet und flogen Luftangriffe. Die italienische Armee kapitulierte. Mussolini wurde auf Befehl des Königs und unter Druck des Widerstandes gestürzt und ins Gefängnis gesteckt. Deutsche Divisionen, die sich am Lago di Bolsena verschanzt hatten, kesselten Rom ein, und ein Trupp Fallschirmjäger, der Mussolini wieder befreite, schaffte ihn nach Salò am Gardasee, wo die faschistische Republik Salò ausgerufen wurde. Schliesslich flüchtete Vittorio Emanuele III. mit seinem Premier, General Badoglio, nach Brindisi.

Im besetzten Rom nahm nun der Vatikan die Zügel in die Hand. Der Klerus fütterte das hungernde Volk durch. In den Kirchen und Klöstern und den vatikanischen Hoheitsgebieten fanden Juden, Widerstandskämpfer und oppositionelle Politiker Zuflucht. Eine grosse Anzahl der Verfolgten lebte im Lateran. Der ehemalige Papstpalast diente auch der Partisanenarmee sowie dem Zentralkomitee für die nationale Befreiung, dem *comitatio di liberazione nazionale,* einem Zusammenschluss mehrerer antifaschistischer Gruppierungen, als logistisches Zentrum.

«Sie steht dir gut, die Soutane», meinte Bertha, als ihr Neffe eines Vormittags atemlos zur Tür herein in die Küche stürmte, wo sie gerade eine Suppe kochte, die aus nicht viel mehr als mit Kräutern gewürztem Wasser bestand. Zu kaufen gab es nichts. Sogar das Salz war ausgegangen. Zum Glück sprossen Rosmarin, Petersilie, Schnittlauch und Oregano auch in solcher Zeit auf dem Balkon.

Vor wenigen Wochen war Giovanni zusammen mit etwa fünfzig anderen Anwärtern zum Priester geweiht worden. Inzwischen leitete er eine im Untergrund aktive Gruppe, suchte geeignete Verstecke für Verfolgte in Rom und Perugia, organisierte Papiere und Transporte. Nun unter seinem Decknamen Don Guerriero. Und im Priestergewand, der wohl besten Tarnung.

«Setz dich erst», sagte Bertha. «Du bist ja ganz ausser dir.»
«Sie haben ihn erschossen», keuchte er.
«Wen? Wer hat wen erschossen?», fragte sie.
«Federico. Die Deutschen.»
«Den Professore?»
«Mitten auf der Piazza Porta S. Paolo. Am helllichten Tag.»
«Wie entsetzlich! Wie schrecklich!»
«Zia, du musst mir helfen», flüsterte er. «Ich bin in grosser Eile. Du solltest für mich ein Paket in die Basilika San Giovanni im Lateran bringen. Heimlich.»
«Jetzt gleich?» Die Tante stellte zwei Teller auf den Tisch.
«Ja, das heisst, ein bisschen Zeit haben wir noch. Die Zeit der Siesta ist die günstigste. Ich selber kann heute nicht. Ich muss nach Perugia und Pilonico Paterna. Dich lassen sie sicher in Ruhe. Du bist unverdächtig. Jetzt ist sogar Zeitung lesen gefährlich – wenn es die falsche ist. Den ‹Osservatore› zum Beispiel. Neulich haben die Deutschen einen getötet, der das Blatt unvorsichtigerweise unterm Arm trug. Sie haben ihn ohne Vorwarnung erschossen.»
«Ich passe schon auf. Und wie finde ich die oder den, dem ich dieses Paket überbringen soll?»
«Rechts des Hauptportals, beim dritten Pfeiler, zu Füssen des Matthäus steht einer wie ich. Er ist informiert, er wartet auf dich.»
Während Bertha Suppe schöpfte, zog Giovanni unter seiner Soutane eine kleine Salami hervor und legte sie auf den Tisch.
«Wo hast denn die her?», fragte Bertha.
«Aus dem Lateran. Das ist jetzt der einzige Ort, den die Deutschen in Ruhe lassen. Der Lateran ist wie eine Oase in der Wüste. Diese gibt es nur dank dem klugen Einsatz der Monsignori Ronca und Palazzini.

Hier finden Verfolgte, politische und Juden, Unterschlupf. Hier sind sie sicher. Während rundherum Krieg ist, geschossen und gemordet wird.»

«Und woher gibt es dort zu essen, wo es doch in der ganzen Stadt nichts mehr zu kaufen gibt?», wollte die Zia wissen.

Giovanni geriet in Fahrt: «Die Menschen dort – derzeit sind es wohl gegen tausend – werden gut versorgt. Nichts fehlt. Brot gibt es aus der eigenen Bäckerei. Das Korn wird ebenfalls in der eigenen Mühle gemahlen. Der Nachschub kommt – denk nur – aus der Schweiz. Nachts fahren jeweils die Kornlaster, gegen Fliegerbeschuss getarnt, auf der Via Aurelia in den Vatikan ein. Wie durch ein Wunder entkamen die Kühe des päpstlichen Gutes Torreimpietra den Deutschen. Und so fressen sie nun das Heu sicher und geborgen in den lateranischen Stallungen. Darum gibt's frische Milch und Butter. Auch Fleisch und hausgemachte Würste aus der Metzgerei. Wie diese hier. Aber lass uns jetzt essen.»

Der Heilige Stuhl, über dessen Autorität das Bonmot kursierte, in Rom werde gemacht, woran man draussen glaube, *a Roma si fa la fede, que fuori si ci crede,* gewann so seine frühere Glaubwürdigkeit und Wertschätzung beim Volk wieder zurück. Doch nicht alle, die verfolgt wurden, fanden auf Torreimpietra Zuflucht. Während ihrer neunmonatigen Besatzung der Stadt deportierten die Nazis über zweitausend Juden in die Vernichtungslager.

Was Giovanni seiner Zia nicht erzählte, weil er sie nicht allzu sehr in Angst und Schrecken versetzen wollte, war im Frühling 1944 mitten im Bauch von Rom geschehen, unweit des Quirinals, in der Via Rasella. Dort hatte der bewaffnete Arm des Widerstands, die Stadtguerilla, 32 Angehörige der Waffen-SS erschossen. Die Rache folgte unmittelbar und gnadenlos. Die Deutschen metzelten für jeden umgebrachten SS-Mann zehn italienische Gefangene nieder; unter ihnen Oberst Montezemolo, militärischer Kopf des Widerstandes, sowie Frauen und Kinder. Insgesamt 335 Personen. Auf ihrem Rückzug nach Salò mordeten, brandschatzten und schossen die Deutschen überall, wo sie Partisanenrefugien vermuteten, was ihnen vor die Gewehre und Kanonen geriet: ganze Dörfer, Kirchen und Klöster.

Kaum war Don Guerriero aus dem Haus, machte sich Bertha auf den Weg. Ohne, dass sie darüber gesprochen hatten, war sie inzwischen überzeugt, dass Giovanni eine Rolle in der *resistenza* spielte. Dass er einem katholisch geprägten Kommunismus anhing, wusste und billigte sie zwar, wollte aber nichts damit zu tun haben. Die parlamentarische Monarchie blieb für sie, obschon der König das Land jetzt im Stich liess, wie für viele ihrer Landsleute der ordnende Faktor und Garant. Sie mochte diese klar ersichtliche Hierarchie, diesen königlichen Kopf an der Spitze des Landes, auch gefiel ihr der höfische Zauber.

Der Himmel trug ein blasses Blau zur Schau, überzogen von einem Wolkenschleier. Eilends ging sie durch die Strassen, blickte zu Boden, wenn ihr jemand begegnete. Vor den Hotels patrouillierten bewaffnete Uniformierte. Tatsächlich fragte sie einer in gebrochenem Italienisch, wohin sie wolle. «Eine kranke Verwandte besuchen», antwortete sie, während sie das Paket unter ihrem Kleid fester in die Achselhöhle presste, ohne zu verraten, dass sie ihm eigentlich auch auf Deutsch hätte antworten können. Der Uniformierte, auf dessen Oberarm das Hakenkreuz prangte, schien damit zufrieden und gab ihr ein Zeichen, weiterzugehen. «Jetzt hab ich gelogen. Der Herr wird mir verzeihen. Es war aus Not», dachte sie und eilte weiter durch die öden Strassen und Gassen. Überall Militär. Da und dort stand ein Karren, an dem ein alter Gaul angebunden war. Wer jetzt keinen wichtigen Grund hatte, war nicht unterwegs. Und wer einen hatte, zog die Schultern ein.

Wie eine Insel ragte der klotzige Komplex des Lateran, dessen Zinne ein Kranz mächtiger Figuren von Heiligen krönte, aus den umliegenden Getreidefeldern, Kartoffel- und Gemüseäckern. Ein geschützter Ort in der vom Grauen gepackten Stadt. Bertha trat durchs Hauptportal. Die wuchtige antike Bronzetür hatte einst einer der päpstlichen Bauherren aus dem Forum Romanum herschaffen lassen. So viel Betrieb hatte sie hier, in der Mutter aller Kirchen, an einem gewöhnlichen Werktag noch nie gesehen. Das Atrium war zum Bersten voll. «Man könnte auf Köpfen gehen», fiel es Bertha ein. Es war viel Zeit verstrichen, seit sie das letzte Mal hier war und das Siebenkirchen-Pilgerpensum, den zwanzig Kilometer langen Prozessionsweg zu den sieben Hauptkirchen Roms, absolvierte. Schon damals hatte sie das Gefühl gepackt, die Grenze von einer unwirtlichen in eine unwirkliche Welt zu überschreiten.

Drinnen herrschte hastiges Kommen und Gehen. Gestalten jeden Alters und beiderlei Geschlechts huschten über die orientalischen Ornamente des Fussbodens, eine der prachtvollen Cosmaten-Arbeiten, die in den römischen Kirchen zahlreich sind. Im 12. und 13. Jahrhundert führten Künstlerfamilien, in denen der Vorname Cosmas häufig war, kunstvolle Wand- und Fussbodenmosaike aus. Ordensfrauen und Mönche, höhere und niedere Vertreter des katholischen Klerus tauchten in den Lichtkegeln der Fenster auf und verschwanden wieder im Dunkel, wo Botschaften ausgetauscht, konspirative Abmachungen getroffen, Pakete und Kassiber überreicht wurden. Alles im Flüster- und Tuschelton.

Tatsächlich, rechts des Hauptportals, beim dritten Pfeiler, zu Füssen der kolossalen Apostelstatue Matthäus stand er, der sie erwartete, wie ihr Neffe ihr versichert hatte. In den schweren Schatten, die die borrominischen Barockpfeiler und Bögen ins Mittelschiff der Basilika warfen, konnte sie nur die Umrisse seiner Gestalt erkennen. Und als sie näher trat, sah sie ein knochiges Gesicht mit einem stechend klaren Blick. Das kleine Paket wechselte aus Berthas verschwitztem Kleid unter die Soutane des jungen Priesters. Gleichzeitig steckte ihr dieser einen dicken Briefumschlag zu, «für Giovanni», den Bertha hastig verschwinden liess. Weder wusste sie, was sie hier abgeliefert, noch was sie nun herauszuschmuggeln hatte. Mit heftig klopfendem Herz, aber stolz verliess Bertha rasch die Basilika und erreichte ungehindert ihre Wohnung.

Erschöpft zog sie die Schuhe aus und setzte sich an den Tisch im Salon. Die Biedermeieruhr auf der Kredenz war offenbar, kurz nachdem sie das Haus verlassen hatte, stehen geblieben. Könnte die Zeit doch auch stehen bleiben, fiel ihr ein. Wie Herzen auch einfach still stehen, aufhören zu schlagen, wenn sich ihre Kraft erschöpft. Das haben sie damals lachend gesagt, als Luigi und sie gemeinsam ein paar Wochen in Bad Ragaz verbrachten und er ihr dieses Schmuckstück schenkte: ein Meisterwerk der Schweizer Uhrmacherkunst.

Nachts wachte sie auf, schweissnass, ihr Herz klopfte, der Kopf glühte. Schlaftrunken memorierte sie den Traum nochmals. Die Stadt war menschenleer, düster. Sie eilte durch Strassen, Häusern entlang, ein Ziel vor Augen. Einmal schien alles fremd, die Plätze, die Strassenzüge, die Häuserfluchten, das andere Mal vertraut. Irgendwann

Basilika im Lateran, frühere päpstliche Residenz.

geriet sie in einen grossen Hof. Mittendrin ein Baum, der Erdboden abschüssig, überall lagen schlafende Hunde. Unbemerkt versuchte sie, den ihr unheimlichen Ort durch eine grosse hölzerne Tür zu verlassen. Aber dann fand sie sich in einem Holzverschlag ohne Ausgang. Ein Hühnerstall? Ein Hundezwinger? Jetzt nur ruhig, dachte sie, ich muss zurück, dorthin, wo ich eintrat. Langsam, auf Zehenspitzen ging sie zurück, sah auf einem erhöhten Podest etwa ein halbes Dutzend riesengrosse weiss-braun gefleckte Hunde, die ineinander verknäuelt schliefen, es sah aus wie ein Schlangennest. Hoffentlich schaffe ich es, hinauszugelangen, ohne diese Tiere aufzuwecken. Aber kurz vor dem Ausgang spürte sie in ihrem Rücken etwas, drehte sich um und erblickte drei ausgewachsene Wölfe, die auf sie zuschlichen. Jetzt nur keine Angst zeigen, Ruhe bewahren. Mit fester Stimme, die drei Wölfe fixierend, sagte sie: Geht sofort auf eure Plätze. Die Tiere liessen von ihr ab, kehrten um, und sie erwachte.

Pilonico Paterna: Kirchweih und Liebestaumel

Nach dem Krieg wurde Don Guerriero Pfarrer in Pilonico Paterna als Nachfolger seines Onkels Don Alfredo. Kirche und Pfarrhaus lagen in Schutt und Asche, aus dem Trümmerhaufen ragte noch der halbe Kirchturm. Das Pächterhaus gegenüber hatte den Krieg mehr oder weniger heil überstanden, ebenso ein paar weitere armselige Häuser und auf den Hügeln die verstreuten Bauernhöfe.

Die überlebenden Dorfbewohner waren traumatisiert, jedoch froh, dass alles vorbei war und nicht noch Schlimmeres geschah. Denn Don Alfredo hatte dank seiner Vorahnung – er wusste, was in der Via Rasella geschehen war und rechnete mit Rache – nach der Befreiung Roms in jenen Apriltagen 1944 die Messen nur noch in Privathäusern gelesen und den Leuten verboten, die Kirche zu betreten. So fanden die deutschen Rächer, die mit Hilfe einheimischer Spitzel die Pfarrei als Partisanennest identifiziert hatten, Kirche, Pfarrhaus und Pächterhaus leer.

Zu Don Guerrieros Pfarrei gehörte als wichtigste Pfründe ein kleines Bauerngut, nicht zu gross und nicht zu klein, den Eigenbedarf gerade deckend. Im Stall, einem windigen Bretterverschlag, standen fünf Milchkühe, ein halbes Dutzend Mastvieh und zwei Schweine. Etwas Ackerfläche – Weizen, Gerste und Kartoffeln – der Gemüsegarten und der ans Pfarrhaus angrenzende Olivenhain gehörten dazu. Das Pächterpaar hatte schon Don Alfredo mit den Früchten dieser Erde versorgt. Jetzt bestellten Pepe und Pepino das Gut für Don Guerriero.

Sie waren einfache Menschen, des Schreibens und Lesens nicht kundig. Ihre Ziehtochter war damals gerade neunjährig. Als Don Alfredo für ein Findelkind einen Platz suchte, schien es ihm naheliegend, dass er das Mädchen seinen ihm treu ergebenen Pächtersleuten anvertraute. Pepe konnte keine Kinder bekommen. Er hörte das Kind damals schreien, als er noch halb schlafend die Utensilien für die Frühmesse bereitstellte. Es lag gut verpackt in einem Körbchen auf der vordersten Kirchenbank. So kamen Pepe und Pepino zu ihrer Pflegetochter, der sie den Namen Marina gaben. Wie es so hiess, führte draussen wie drinnen Pepe, die Bäuerin, das Zepter. Ihre schneidende Stimme und harte Hand bekam vor allem Marina zu spüren.

Zum Dank, dass er noch am Leben war, wollte Don Guerriero dem Herrn im Himmel ein neues und noch schöneres Gotteshaus als das zertrümmerte erbauen. Doch dafür brauchte er Geld. Viel Geld. Zwar opferten die Leute so viel wie nur möglich, und je nach begangenen Sünden auch etwas mehr als sie konnten. Dabei hatte nach dem Krieg hier niemand Geld und auch der Vatikan Wichtigeres zu unterstützen als eine unbedeutende Landpfarrei. Darum reichten die Erträge aus dem Opferstock seiner Pfarrei, nach all den Jahren zusammengerechnet, gerade für einen Lastwagen Zement.

Der junge Geistliche wandte sich deshalb an seine reiche Tante in Rom. Und Bertha versprach im, nachdem er es ihr erläutert hatte, ohne lange zu überlegen, «einen schönen Batzen» für sein Vorhaben. Sie hatte nämlich ebenfalls zu danken, nicht nur weil ihr Neffe und sie den Krieg heil überstanden hatten. Auch dem Heiligen Stuhl gegenüber fühlte sie sich zu Dank verpflichtet.

«Der Heilige Vater hat dafür gesorgt, dass Rom befreit und die Teufel los wurde. Jetzt ist es an mir, dankbar zu sein. Darum tue ich mein Möglichstes, Don Guerriero in seinen Plänen zu unterstützen, damit Pilonico Paterna wieder eine Kirche bekommt», notierte sie ins schwarze Buch. Wie die meisten Leute in der Stadt glaubte Bertha, nicht die Alliierten und nicht der Widerstand, sondern Pius XII. sei der alleinige Retter Roms. Und so eilte auch sie nach der Befreiung zum Petersplatz und stimmte in den allgemeinen Jubel ein. Der päpstliche Segen war an diesem Morgen wohlfeil.

Aber zuerst musste Don Guerriero auf Geldsuche in die vom Krieg verschonte Schweiz. So wollte es seine Zia. Und während Bertha die nötigen Vorbereitungen für seine Bettlertour traf, lernte er ein paar Sätze Deutsch. Ausgerüstet mit Empfehlungsschreiben und Adressen zog der junge Geistliche alsdann ein halbes Jahr lang in den Kantonen Zürich, St. Gallen und Luzern von einer Pfarrgemeinde zur anderen. Das Opfer «für den Wiederaufbau der im Krieg zerstörten Kirche von Pilonico Paterna, einer armen Gemeinde in der Nähe von Perugia» wurde den Gläubigen während der Hauptmesse wärmstens ans Herz gelegt, und Don Guerriero kehrte mit weit mehr, als er zu hoffen gewagt hatte zurück.

Sofort machte er sich daran, seine Pläne zu verwirklichen und verbrachte jede freie Minute auf der Baustelle, überwachte jeden Handgriff und packte, wenn nötig, selber mit an. Wer Hände hatte, half mit: beim Aushub, beim Hochziehen der Mauern, beim Verputzen und Tünchen. Und die Stadt Perugia schickte zivile Truppen und Maschinen.

Nach vier Jahren war es so weit. Die letzten Zementkrümel waren zusammengekehrt. Pilonico Paternas Kirche erstrahlte in frischem Ocker. Bilder und Statuen sowie die Geräte für die Messe stammten teils von anderen Pfarreien, teils hatten sie in Scheunen unter Stroh überlebt. Don Guerriero hatte das gegen Norden angebaute Pfarrhaus bereits bezogen. Endlich konnte er die Sakristei durch eine Türe bequem und stets trockenen Fusses erreichen.

Der nächste Tag war ein Festtag, wie ihn dieses Dorf noch nie gesehen hatte und auch nie mehr erleben würde. Eine wahre Kirchweih stand bevor. Zur Konsekration am 11. Mai 1953 wurde Monsignore Vianello, der greise Erzbischof von Assisi, erwartet.

Das Gras stand hoch. Schon von Weitem hob sich der Hügel aus dem Horizont heraus. Die Wiesen waren noch grün, durchzogen von bunten Tupfen, dem Zartblau der Glockenblume, dem kräftigen Violett des Salbei, vom Gelb des wenig geschätzten Hahnenfusses sowie dem rosa Schaum des Nützlings Esparsette, einem staudigen Schmetterlingsblütler. Darüber schwang unermüdlich das kantigschrille Zirpen der Zikaden. Nirgends sonst in der hügeligen Umgebung krönte eine so grosse Kirche mit einem ebenso stolzen Kirchturm die Kuppe. Zuerst hatte Don Guerriero den Aufbau auf den alten Grundmauern der zerstörten Kirche geplant. Dank munter sprudelndem Spendenfluss, grosszügigem Obolus seiner Tante und tatkräftiger Unterstützung aus Perugia wurde sie jedoch grösser. Jetzt fanden darin gut zweihundertfünfzig Frauen, Männer und Kinder Platz, obschon das Dorf keine hundert Seelen zählte. Und das helle Ocker leuchtete weit herum wie ein Gestirn in die düsteren Bauernstuben, auch der entlegensten Weiler.

Links und rechts der schmalen Strasse verdeckte am Vortag des Festes eine graue Schicht die blühenden Wegkräuter. Staubgrau war auch der schwarze Topolino, den der Dorfpfarrer in einem den Verhältnissen vollkommen unangemessenen Tempo hügelaufwärts steuerte, dabei die Schlaglöcher umkurvte, die der letzte Regen noch vertieft hatte, und hinter sich eine Staubwolke herzog, als wäre er der Wirbelwind. Dereinst würde diese Landstrasse verbreitert und

Kirche in Pilonico Paterna.

asphaltiert, fuhr es ihm durch den Kopf. Man hatte ihm ja in Perugia versprochen, dass seine Strasse vor allen anderen Landgemeinden in der Provinz an die Reihe käme. «Das wäre das Nonplusultra.» Und wer weiss, dachte er, vielleicht beschert uns der Herrgott eines Tages ein Wunder. Dann könnte aus unserem Dorf ein Wallfahrtsort werden. Das gäbe einen schönen Aufschwung. Für einen solchen Fall sind wird jedenfalls gewappnet.

Beim ersten Hof stoben die Hühner wie die Fliegen von den Kuhfladen auseinander, als er sein Fahrzeug brüsk bremste. Beim Aussteigen hakte sich ein Zipfel seines Rocksaumes an den aus dem schadhaften Sitzpolster hervortretenden Stahlfedern fest. Behände löste er ihn. Niemand hätte geglaubt, dass solch ein mächtiger Mann in diesem kleinen Auto Platz hätte. Der Hund bellte, hörte aber sofort auf, nachdem er an der Soutane geschnuppert hatte. Don Guerriero stürzte ins Haus und in die Küche, wo die junge Bäuerin gerade eine frische *peperonata* in erdfarbige Steinguttöpfe füllte.

«Ich wollte nur schauen, ob du mit allem fertig geworden bist», sagte er zu ihr. «Vielleicht kann ich jetzt schon ein paar Töpfe mitnehmen. Das Olivenbrot hole ich morgen. *A domani. E buon lavoro.*» Und schon war er wieder draussen und preschte mit seinem Topolino zur Kirche. Dort war allerhand im Gang. Pepino stand auf der Leiter und montierte eine Blumengirlande. Zwei junge Frauen platzierten die Blumentöpfe auf der Treppe. Und Pepe und Marina bekränzten drinnen den Altar.

Marina, nun fünfzehnjährig, war eine Dorfschönheit geworden: zierlich, aber nicht schwächlich, naiv und dennoch schlagfertig. Sie versprühte ganz schamlos die üppigste Lebenslust. Zuerst trafen sie nur Blicke, später neckten sie die jungen Männer, was ihr anfänglich entsetzlich zuwider war. Doch mit der Zeit merkte sie, wie die Jungen im Takt ihrer Reize tanzten und dass sie daraus Vorteile und Macht schöpfen konnte. Stand ihr der Sinn danach, forderte sie den hübschesten Jungen auf, ins Dachgestühl des alten Kirchturms zu klettern und den Glockenschwengel in Bewegung zu setzen, so dass die Leute erschreckt aus den Häusern stürmten und nach einer Feuersbrunst Ausschau hielten.

Don Guerriero beobachtete schon lange, wie sie sich veränderte und aus ihrem Mädchengeplapper die Verlegenheit der heranwachsenden

Frau wurde. Am Morgen des Festtages erwachte er verschämt; er hatte von ihr geträumt. «Heilige Maria», dachte er, «das Mädchen will mir einfach nicht aus dem Kopf.» Es war noch nicht einmal Tag, da betrat er die Küche seiner Pächtersleute. Obwohl er insgeheim gehofft hatte, Marina dort anzutreffen, klopfte ihm das Herz bis zum Hals, als er sie dort fand. Dass Schamröte ihr Gesicht bedeckte, konnte er im Halbdunkel nicht erkennen. Im Schein zweier Kerzen zündete sie das Herdfeuer an und kochte Kaffee. Die Aufregung verschlug beiden die Sprache. Sie redeten kein Wort.

Fluchtartig verliess Don Guerriero die Küche und kümmerte sich um weitere Vorbereitungen. Die Zypressen rund um den geräumigen Kirchenvorplatz zitterten noch etwas schmächtig im warmen Frühlingswind. Die Azaleen in Töpfen standen Spalier und ihr purpurnes Blütenband zog sich vom Platz über die Treppe zum Eingang und weiter zum Altar des über und über mit Blumen geschmückten Gotteshauses. Bunte Blumengirlanden hingen auch in den seitlichen Arkaden.

Obwohl er nicht viel getrunken hatte, fühlte sich Don Guerriero vor dem ersten Akt der Einweihung, der mit seiner Begrüssung der hohen Gäste begann, wie berauscht.

Während der kirchlichen Feier kniete Bertha an jenem wunderschönen Maitag unter den Ehrengästen in der ersten Bankreihe. Und als Monsignore Vianello in seiner kurzen Predigt – lange Reden mochte er in seinem Alter nicht mehr durchstehen – die grosszügige Spende der Signora Bertha, Witwe Perin Mantello, verdankte, trübten ein paar Tränen der Rührung ihr die Sicht.

Nach der Einweihung nahmen auch der Erzbischof und sein Gefolge am Dorffest teil, genossen die opulenten Leckerbissen, welche die Bäuerinnen seit Tagen vorbereitet hatten und nun kunstvoll arrangiert auftischten. Auch kosteten sie vom schweren honigfarbenen Wein, der an jenem Tag in Strömen floss. Denn halb Perugia und Assisi nahmen an diesem Fest teil. Und die Ausgelassenheit dauerte bis in den Morgen. Hauptperson war natürlich der junge und dynamische Pfarrer. Ihm verdankte das Dorf seine neue Kirche, er hatte die Spenden zum Fliessen gebracht und die Bauarbeiten bis zuletzt überwacht. Er wurde bewundert, schwelgte in seinem Glück. Und auch Marina schaute zu ihm auf, bewunderte ihn mit schwarzen funkelnden Augen.

Das neue Kirchenschiff in Pilonico Paterna.

Für Don Guerriero war nach diesem Fest nichts mehr wie es gewesen war. Was er auch dagegen tat, der Wunsch sie zu sehen, ihre Stimme zu hören, in ihrer Nähe zu sein, wuchs. Ebenso das schlechte Gewissen. «Herrgott! Sie ist ja noch fast ein Kind.» Je mehr er daran dachte, desto stärker wurden seine Gefühle. Zusammen spielten sie dieses Versteckspiel und das Sich-zufällig-Treffen. Zuweilen kniete sie in eine Kirchenbank, exakt dann, wenn er die Vorbereitungen für die Abendmesse traf, stützte ihren Kopf in die Hände, so dass ihr pechschwarzes Haar darüber wallte und tat, als betete sie inbrünstig. Er stolperte dann verwirrt herum, vergass dies und jenes und merkte, wenn er in ihre Nähe kam, wie ihn nur schon ihr Körpergeruch, der ihn an den Duft frischer Trüffel erinnerte, erregte.

Doch dieses Techtelmechtel konnte in einem solchen Nest nicht lange ein Geheimnis bleiben. Und als das ganze Dorf merkte, was passiert war, war es zu spät; ihr *parocco,* den sie über alles verehrten, war von der Liebe krank.

«Das kann so nicht weitergehen. Etwas muss geschehen», notierte Bertha ins Tagebuch. «Am besten, sie kommen sich aus den Augen und dem Sinn.»

Doch es dauerte eine Weile, bis sie einen Plan fasste. «Dass ich nicht gleich darauf gekommen bin», sagte sie zu sich selber, während sie zum Schlafzimmerfenster hinaus am Kirchturm von Sacro Cuore vorbei in den Klostergarten schaute, wo eine Novizin Unkräuter aus den Beeten hackte. Die klösterliche Nachbarschaft mit Garten und Park und dem von den Nonnen betreuten Krankenhaus entschädigten Bertha ein wenig für das Fehlen des Ländlich-Gebirgigen. Beruhigend wirkte auch die Kirche mit ihrem neugotischen Zierrat. Sie war im Quartier sehr beliebt. Zu allen Tageszeiten, vor oder nach der Arbeit, knieten Geschäftsherren neben Mappen, beteten Hausfrauen neben Einkaufstaschen für allerlei Glück und Genesung, und im Chor, getrennt durch ein hohes Gitter vom Schiff, hielten Ordenfrauen in ihrer schlichten Tracht, dem grauen Kleid und Schleier, unter dem das weisse Stirnband den Haaransatz verdeckte, Andacht in der reich verzierten Stille. Als Magnet wirkte zudem das lächelnde, wachsbleiche Gesicht im gläsernen Sarg; die mumifizierte, 1856 geborene und 1925 verstorbene spanische Adlige Raffaela, die Gründerin des Klosters der Ancelle del Sacro Cuore, der Brautjungfern des heiligen Herzjesu. Ein Meisterwerk an Konservierung. Ihr wurde Wundertätigkeit nachgesagt. Luigi und Bertha hatten sie noch erlebt und oft prophezeit, was später eintrat: 52 Jahre nach ihrem Tod sollte Giovanni Battista Montini, Papst Paul VI., das fromme Leben der Klostergründerin heilig sprechen.

«Im Kloster würde sie beschäftigt. Hier käme sie auf andere Gedanken. Hier wäre sie gut versorgt», schrieb Bertha vor dem Zubettgehen ins schwarze Buch.

Am nächsten Morgen eilte sie zur Äbtissin. Im Kloster war sie keine Unbekannte, stand mit einigen Nonnen in freundschaftlichem Kontakt und war mit dem Klosterpater Don Romerio gut bekannt; hatte er doch sie und Luigi getraut, Giovanni getauft, und schliesslich Francesco, Loredana und ihren Gatten priesterlich bis zum Grab geleitet, zuletzt auch die Mutter. Als Bertha ihr Anliegen vorbrachte, zeigte Äbtissin Monica grosses Verständnis und willigte sofort ein, Marina ins Kloster aufzunehmen – als wäre sie nicht zum ersten Mal mit solch einem Problem konfrontiert. «Wir tun unser Möglichstes, das Mädchen von seinen Leidenschaften zu befreien. Und wer weiss, vielleicht wird sie eines Tages eine würdige Braut unseres Allerhöchsten.»

Mit dieser Zusicherung reiste Bertha, fest entschlossen, Marinas Eintritt ins Kloster durchzusetzen, nach Perugia, wo ihr Neffe sie am Bahnhof abholte. «Fahr diesmal nicht so schnell», ermahnte sie ihn, «sonst wird mir noch übel», und kam gleich zur Sache. «Ich glaubte, du hättest dich besser unter Kontrolle. Ich bin enttäuscht von dir. Und ausgerechnet mit der Tochter deiner Pächter hast du dieses Verhältnis. Das ist doch skandalös.» Solche Zurechtweisungen war er von ihr nicht gewohnt. Normalerweise billigte sie, was immer er tat.

«Ich weiss, liebe Tante», entgegnete er kleinlaut. «Es tut mir ja leid. Dass mir dieses Zölibat einmal in die Quere kommen könnte, habe ich schon immer befürchtet.»

«Marina geht ins Kloster zu den Ancelle. Ich habe mit Äbtissin Monica geredet, sie will den Versuch wagen und nimmt sie auf», erläuterte Bertha dem zerknirschten Neffen ihren Entschluss, heftigen Protest erwartend. Aber mit gespielter Gleichmut erwiderte dieser: «Daran habe ich selber gedacht.»

Wenig Überredungskunst benötigte Bertha auch bei Pepe und Pepino. «Wenn nur endlich dieses Gerede ein Ende hat», sagten sie und dankten Bertha unterwürfig gestikulierend. Marina aber verliess schimpfend und weinend die Küche und versteckte sich im Schweinestall, wo sie der Bauer fand und an den Haaren aus einem Koben hervorzerrte. Nach dem Machtwort seiner Frau und Berthas Zureden, es würde ihr dort nicht schlecht gehen, gab Marina ihren Widerstand auf.

Am nächsten Tag nahm Bertha Marina mit nach Rom und begleitete sie bis zur Klosterpforte, wo die Äbtissin die künftige Novizin persönlich in Empfang nahm. Sie wollte der jungen Frau die Umstellung so weit wie möglich erleichtern und ihr früher als üblich eine Aufgabe ausser Haus zuteilen. Die Bräute des heiligen Herzjesu wurden zum Betteln jeweils ins Land hinausgesandt. Davon lebte das Kloster zu einem beträchtlichen Teil.

Doch während des ersten halben Jahres durfte Marina die Klostermauern nicht verlassen, damit sie ihr altes Leben vergessen sollte und sich bei ihr der Rhythmus des neuen einprägte: beten und arbeiten, *ora et labora*. Dabei wurde sie nicht geschont. Noch vor der Morgenandacht musste sie in der Wäscherei die riesigen Dampfkessel aus Kupfer für die Kochwäsche einfeuern, im Garten bei der grössten Hitze Unkräuter jäten und im Krankenhaus die stinkenden Töpfe der

Kranken leeren. Die Schwestern überliessen ihr nicht nur die schwersten, sondern auch die übelsten Arbeiten, denn es hatte sich bald herumgesprochen, warum die Neue hier war. Aber anstatt der Reue, die von ihr erwartet wurde, fühlte Marina nur Verdruss und Verlassenheit.

Während des Essens am langen Tisch im Refektorium spürte sie die Blicke der Mitschwestern wie Nadelstiche, meist getarnt hinter einem süssen Lächeln. Sie fürchtete sich vor diesen Augenblicken den ganzen Tag. Manchmal wäre sie am liebsten tot unter den Tisch gefallen. Wie oft hatte sie von Rom, der Ewigen Stadt, geträumt. Und nun lebte sie mitten drin und konnte sie doch nicht wirklich erleben. Sehnsüchtig lauschte Marina den Geräuschen von draussen, konnte bald den Singsang des mobilen Glasers von dem des Schleifers und jenen des Altwaren- von dem der Kurzwarenhändlerin unterscheiden. Und sie erschrak jedes Mal, wenn das Quietschen von Reifen auf dem Asphalt wie ein Keil das monotone Summen des Verkehrs spaltete.

Abends sank sie erschöpft ins Bett, konnte aber lange nicht einschlafen, die Glieder kribbelten, zuckten oder taten ihr weh. Heimweh plagte sie. Einmal nur kamen die Pflegeeltern zu Besuch. Und ab und zu schaute Bertha vorbei. Doch zu viel mehr als Antworten auf ein paar belanglose Fragen, wie es diesen gehe, oder was jene machten, reichte die Zeit nicht.

Nachdem das halbe Jahr – es kam ihr vor, als wären es zehn Jahre gewesen – abgelaufen war, befand die Äbtissin Marinas Charakter sei gefestigt. Sie könne den unmittelbaren Schutz des Mutterhauses nun entbehren und unter der Aufsicht der älteren und erfahrenen Schwester Gabriela betteln gehen.

Die beiden zogen von Stadt zu Stadt, durch Dörfer, von Haus zu Haus, bis hinauf nach Florenz und hinunter nach Neapel und trieben Spenden fürs Mutterhaus ein. Sie gingen stets zu Fuss, ob es heiss oder kalt war, in den immer gleichen Büssergewändern, aus schwerem und kratzendem Tuch, das beim Schwitzen die Haut am Hals, unter den Armen und zwischen den Beinen wund scheuerte. Aber Marina war alles recht, wenn sie nur endlich aus diesen Mauern herauskam. Hatten sie genug gesammelt, kehrten sie zurück und lieferten die Spenden im Kloster ab.

Doch weder half die Zeit, noch halfen Beten und Betteln, den zu vergessen, der ihr ein irdisches Vergnügen versprochen hatte. Auch

Don Guerriero fand, die Hölle könne nicht schlimmer sein, als vor Sehnsucht nach dieser Frau zu verglühen. Seit sie weg war, schien für ihn die Sonne umsonst, war ihm alles einerlei. Ein grauer Film trübte jede Sicht, alles, was er dachte, tat oder sich vornahm zu tun. Um wenigstens in ihrer Nähe zu sein, fand er einen Vorwand nach dem andern. Zunächst setzte er seine Studien in Rom fort, besuchte seine Tante oder verabredete sich mit Don Romerio. So gelang es ihm, die Hälfte der Zeit in Rom zu verbringen. Nichts war für einen Geistlichen einfacher als das.

Anstatt sich in den vatikanischen Bibliotheken im Kirchenrecht sachkundig zu machen, wie er vorgab, rannte er oft stundenlang in der Stadt herum, um sich am Ende in der Klosterkirche Sacro Cuore verstohlen auszuruhen und zu träumen: «Wie schön, träte sie jetzt ein und kniete neben mir nieder.»

Als er von Bertha erfuhr, Marina sei draussen für den Konvent unterwegs, reiste er ihr nach und fand, allen klösterlichen Vorkehrungen zum Trotz, Zeiten und Wege, ihr zu begegnen. Einmal sahen sie sich irgendwo zufällig. Ein anderes Mal verabredeten sie sich in einer Kirche, wo sie niemand kennen konnte. Dann rückten sie, wenn niemand es sah, eng zusammen, hielten einander die Hände, kamen sich immer näher, küssten sich in dunklen Winkeln oder hinter mächtigen Säulen. Sie wurden nicht müde, sich einzureden: «Es kann doch nicht so schwere Sünde sein, was in uns von Natur aus steckt und nach Erlösung drängt» – bis eines Tages eintraf, was beide gleichzeitig herbeisehnten und ebenso heftig befürchteten: Marina war schwanger.

Lange Zeit merkte niemand etwas. Selbst Schwester Gabriela blieb ahnungslos. Unter dem härenen Gewand liess sich Marinas Zustand gut verstecken. Erst als sich ihre Gefährtin jeden Morgen erbrach, stehen blieb, kaum waren sie ein paar Meilen unterwegs und ihr Bauch unmissverständlich verriet, was los war, sah Gabriela ihren Verdacht bestätigt. «Ich habe immer gewusst, was für eine du bist und dass du dich nicht ändern wirst», zischte sie und hätte ihre Schutzbefohlene am liebsten geohrfeigt. «Angelogen hast du mich, als du vorgabst, mit dem Herrgott allein sein zu müssen.» Sofort brachen sie ihre Reise ab und kehrten zurück.

Im Mutterhaus sassen alle beim Abendbrot. Und während die Heimkehrerinnen in den Speisesaal traten, verstummten die Brautjungfern des heiligen Herzjesu, als folgten sie einem lautlosen Befehl. Kein Kauen und kein Schlucken waren mehr zu hören. «Wir reden später», sagte die Äbtissin frostig und hiess die beiden, das Tischgebet zu verrichten. Wieder fühlte Marina, wie Blicke sie durchdrangen, voll Missbilligung und Verachtung.

Das Verhör fand nach dem Essen im Audienzzimmer statt. Flankiert von zwei leitenden Nonnen, fing die Äbtissin an: «Du weisst, dass du dich schwer versündigt und dein Versprechen gebrochen hast. Wir sind enttäuscht.» Wie alt sie wohl sei, fragte sich Marina, die zum ersten Mal die schlaffen Stellen um die Mundwinkel der Priorin bemerkte. «Erleichtere dein Gewissen jetzt und sag uns, wo, wann und wie es geschehen konnte, dass dein Leib eine Frucht trägt.»

Damit hatte Marina gerechnet. Als Antwort darauf hatte sie x-mal eine Geschichte, einen Hergang zusammen mit Don Guerriero eingeübt. Denn er durfte nicht der Vater ihres Kindes sein. Eine Lüge musste seine Karriere retten. So schilderte Marina mit gesenktem Blick, sich auf eine Spalte in einer Tonplatte am Fussboden konzentrierend, ihre leibliche Entjungferung als ein Verbrechen.

«Es war in Florenz, im Kloster Dello Scalzo. Ich konnte nicht einschlafen in der kleinen Kammer des Hospizes. Ich bat Schwester Gabriela, mich zur Andacht in die Kirche S. Giovannino dei Cavalieri gehen zu lassen. Ich war ganz allein, vertieft ins Gebet und in das Bild an der Wand, die Kreuzigung Christus. Dann geschah es. Ich merkte nicht, dass ein Mann in die Kirche trat. Plötzlich stand er hinter mir, packte mich, drückte mich zu Boden. Ich verlor die Besinnung. Und als ich wieder zu mir kam, war niemand mehr da. Gabriela schlief, als ich zurückkam. Um sie nicht zu erschrecken, beschloss ich, ihr nichts zu sagen.» Die Äbtissin bezweifelte ihre Aufrichtigkeit. Nur der Herr wisse, ob dies die Wahrheit sei, sagte sie. Nur er könne durch das Sakrament der Beichte und ihre aufrichtige Reue vergeben. «Auch wenn ein anderer die Schuld trägt, musst du unser Kloster verlassen. Wir können uns einen solchen Vorfall nicht erlauben. Er würde unseren Ruf ruinieren. Pack jetzt deine Sachen. Noch morgen musst du gehen.»

Was nun? Weder hatte sie Geld noch einen Beruf, der sie und ihr Kind hätte ernähren können. Ihr blieb nichts anderes übrig, nachdem sie den Klostermauern entkommen war, als dorthin zurückzukehren, wo sie herkam. Heim zu Pepe und Pepino auf den pfarramtlichen Hof.

Da kam sie nieder und brachte im Frühjahr ein Mädchen zur Welt. Zu reden gab das schon. Überhaupt fing das Gerede von Neuem an. Denn Don Guerriero war ebenfalls ins Dorf zurückgekehrt und widmete sich wieder ganz den seelsorgerischen Tätigkeiten. Seine Tochter taufte er auf den Namen Paula. Anfänglich wunderten sich die Leute noch, wie ungeniert er im Pächterhaus ein und aus ging. Oft sahen sie ihn morgens das kleine Bauernhaus eilends verlassen, um möglichst ungesehen in der Sakristei zu verschwinden. Doch mit der Zeit gewöhnten sie sich daran. Niemand glaubte Marinas Märchen von der Vergewaltigung und niemand zweifelte daran, dass Don Guerriero der Vater ihres Kindes war. Seinen Schäfchen war es jedoch egal, wenn ihr Hirte das Zölibat nicht beachtete und ein eheähnliches Leben führte. «Wenn der liebe Gott ein Auge zudrückt, so tun auch wir es», sagten die Dörfler, «solange nur der Schein gewahrt bleibt, unser *parocco* offiziell im Pfarrhaus und Marina mit dem Kind im Haus der Pflegeeltern lebt.» So akzeptierten sie diese nicht konforme Verbindung.

Von Don Guerriero ermuntert, ergriff Marina einen Beruf. Sie baute einen Verkaufsbetrieb für Weisswaren auf und wurde Handlungsreisende. Dabei kam ihr die Überredungskunst, die sie beim Betteln gelernt hatte, sehr zupass. Mit ihrem zupackenden Charakter verstand sie es, den Heiratswilligen Unmengen von Bettwäsche, Küchen- und Tischtüchern zu verkaufen, die ein Leben lang ausreichten. Ihr Geschäft florierte und wuchs. Und so kam sie endlich zu eigenem Geld. Während ihrer Abwesenheit betreute die Grossmutter jeweils Paula. Weil Pepe mit der Enkeltochter aber ebenso wenig Geduld hatte wie früher mit Marina, kümmerte sich Don Guerriero, wenn ihn sein Amt nicht voll beanspruchte, selbst um seine Tochter.

Addio Roma: Schwesterliche Fürsorge

«Ich werde alt», dachte Bertha, als sie die Einkaufstasche vor der Wohnungstür im vierten Stock abstellte und dreimal tief Luft holte, bevor sie die Türklinke drückte. Etwas Eigenartiges geschah. Die Hand folgte nicht wie sonst ihrem inneren Befehl. Zwar war es nur der Bruchteil einer Sekunde, um den sich die Reaktion verzögert hatte. Aber es kam ihr vor, als wäre sie gegen einen unsichtbaren Widerstand gestossen. Sie unterdrückte ihre aufkommende Angst und redete sich ein: «Wahrscheinlich bin ich müde.»

Es blieb jedoch nicht bei diesem einen Mal. Etwas Ähnliches passierte ihr wenige Tage später beim Treppensteigen. Diesmal schienen die Hände plötzlich das Festhalten am Handlauf verlernt zu haben. Wieder spürte sie dieses Bremsen. Diese unsichtbare Kraft. Dann merkte sie, dass sich das linke Bein sträubte, von selber zu gehen, so dass es hinter dem rechten zurückblieb. Schmerzen empfand sie keine. Aber das Hinken machte sie unsicher.

Derlei Störungen traten nun immer wieder auf. Mit der Wirkung, dass Bertha anfing, sich Gedanken zu machen über so banale Vorgänge wie das Kratzen. Sie fürchtete sich davor, dass ihr die Arme und Hände nicht mehr automatisch gehorchten, sondern sich nunmehr ruckartig und verzögert an die juckende Stelle bewegten. Anstatt dem Drang, sich zu kratzen, gedankenverloren nachzugeben, wog sie ab, ob es überhaupt notwendig sei. Schliesslich dachte sie: «Ich lass es wohl besser bleiben.»

Dass sie seit vielen Wochen schon ihr Tage- und Klagebuch nicht mehr anrührte, kümmerte sie weniger. Es hatte immer wieder längere Perioden gegeben, während denen sie es vergass. Doch schreiben bereitete ihr seit Längerem stetig mehr Mühe, oft gelang es ihr kaum noch, die eigene Schrift zu entziffern, eher glich diese einem Kardiogramm. So zittrig gerieten ihr die Buchstaben. Die Seiten blieben leer.

Ein anderes Mal, als ihre Hände beim Kaffeekochen zitterten, erschrak sie sehr. Trotz Achtsamkeit entglitt ihr beim Versuch, die *caffettiera* festzuschrauben, das obere Teilstück und schepperte auf den gefliesten Boden. Noch nie war ihr das widerfahren: Das Missgeschick kam ihr wie eine von unsichtbarer Hand zugefügte Bösartigkeit vor.

Bis dahin hatte sie mit niemandem darüber gesprochen. Nun aber drängte es sie, sich zumindest ihrer besten Freundin anzuvertrauen. Mit ihr traf sie sich jeden Montagnachmittag. Sonst sahen sie sich nicht allzu oft, obwohl sie nun seit mehreren Jahren Tür an Tür wohnten.

Angela hatte die Wohnung nebenan gekauft, als der Besitzer verstorben war. Der Rhythmus ihrer beiden Alltage war allzu verschieden. Darum hielten sie an der Regelmässigkeit dieser Zusammenkünfte fest, berichteten einander das Neueste und sprachen sich gegenseitig Mut zu, wenn eine von ihnen der Schuh drückte. Obwohl Angela fast eine Generation jünger war als sie, ledig und nicht über gleiche Erfahrungen verfügte, sprach Bertha mit ihr über alles. Angela kam jeweils zum Kaffee, bevor sie gegen vier Uhr ihren Antiquitätenladen öffnete.

«Es ist mit nichts zu vergleichen», schilderte Bertha ihr Leiden. «Plötzlich gehorchen mir meine Glieder nicht mehr. Mir kommt es vor, als würde sie ein unsichtbares Hindernis bremsen, als stockte etwas unterwegs und reichte nicht mehr bis zu den Armen, den Händen und Fingern hin. Ein Kurzschluss vielleicht, der den normalen Fluss unterbricht. Dabei spüre ich nichts, keinen Schmerz. Im Gegenteil: die Haut wird gefühllos wie Tuch. Hast du von so etwas schon gehört?», wollte sie wissen.

«Ja, schon», meinte Angela zögerlich und riet ihrer Freundin, obschon sie wusste, dass diese mit Ärzten auf keinem guten Fuss stand, «du solltest unbedingt einen Doktor aufsuchen.»

«Ach was, das wird von selber wieder besser. Die pfuschen doch nur, sind teuer und können, wenn's drauf ankommt, auch nichts verhindern. Luigi wurde, wie du weisst, trotz vorzüglicher ärztlicher Fürsorge – die allerdings viel zu spät kam – von Tag zu Tag dünner, bis er nicht mehr da war. Ihm wäre es ohne die ärztliche Kunst gewiss nicht schlechter ergangen.» Und trotzig fügte sie an: «Überhaupt, wer krank wird, kapituliert.»

Dem Rat ihrer Freundin folgte Bertha jedenfalls nicht, obschon sich die Tage mehrten, an denen sie sich nur mit grosser Mühe bewegen konnte. Auch zitterten plötzlich die Hände oder die Knie. «Ich bin wohl einfach nervös», versuchte sie sich dann zu beruhigen, «dieses dumme Gezitter hört gewiss wieder auf.»

Stattdessen verringerten sich die Abstände zwischen den einzelnen Attacken, die von Mal zu Mal schlimmer wurden. Was sie am meisten betrübte: In zunehmendem Mass liess sie auch ihr Gedächtnis im Stich. «Wozu auch so alt werden, wenn ich mittags schon vergessen habe, was ich mir am Morgen vorgenommen habe», sinnierte sie. Doch wechselte ihr Gemütszustand von einem Extrem ins andere. So wie sie beim Gehen oft schwankte, stürzte sie von euphorischen Höhen in die schwärzesten Tiefen ab. «Das stehe ich nicht mehr lange durch», gestand sie sich.

In der Not entschloss sie sich, Marie anzurufen, um bei ihr und Konrad etwas zur Ruhe zu kommen. Ihre Schwester, so schien ihr, war stark und belastbar genug. Und vielleicht, so hoffte sie insgeheim, wüsste sie Rat; es wäre nämlich nicht das erste Mal, dass sie Mittel und Wege fände, wenn kein Doktor mehr weiter wusste. Ihre Schwester schwor auf Naturheilmethoden und kannte eine aussergewöhnliche Heilerin in Appenzell, mit deren Hilfe sie damals das grässliche Ekzem an Kopf und Füssen los wurde, nachdem sämtliche Ärzte, die sie konsultiert hatte, ratlos aufgegeben und ihren Fall als nicht heilbar deklariert hatten. Eine strenge Diät mit täglich rohem Kartoffelsaft, und dies während Monaten, half. Dazu musste sie nicht einmal nach Appenzell reisen. Die Anweisungen erteilte die Naturheilerin jeweils am Telefon.

Als Bertha Rom verliess, hatte es seit Tagen pausenlos geregnet. Bevor sie die Tür ihrer Wohnung verriegelte – wer weiss für wie lange? –, ging sie nochmals auf den Balkon. Die glänzenden Dächer der Stadt drohten unter Wäldern von Topfpflanzen nahezu zu verschwinden. Nochmals sog sie den Duft der zartblauen Blüten des Rosmarins ein, der hier so lebenslustig wucherte. Angela würde alle Gewächse pflegen, solange sie abwesend war.

Obschon sie nicht schwer trug, sie hatte in ihr Köfferchen kaum das Nötigste, nicht einmal genügend Kleider eingepackt, brauchte sie unendlich lange, bis sie an der Portierloge ankam, wo der Taxichauffeur geduldig wartete. Die Pförtnerin hatte ihm die Zeit mit einem Kaffee versüsst. «Eine gute Gesundheit und ein hoffentlich baldiges Wiedersehen», wünschte sie Bertha. Und während der Taxichauffeur ihr Gepäck auf den Rücksitz lud und Bertha beim Einsteigen half, lamentierte er lauthals über dieses Unwetter: «Diese Sintflut! *Dio mio!*

Rom wird wohl untergehen. Womit wir das verdient haben? Die Antwort bleibt uns San Pietro noch schuldig!»

Überall, wo das Wasser nicht hinrann, drängten sich die Leute. Selbst in den Bahnhofshallen der Stazione Termini standen sie dicht, wobei längst nicht alle auf einen Zug warteten. In Gesellschaft liess es sich eben leichter leiden. Es herrschte ein Händefuchteln und lautes Lamentieren über die Launen des Himmels. Bereits standen einige Aussenbezirke unter Wasser.

Einblick in das Ausmass der Katastrophe bekam Bertha jedoch erst vom rollenden Zug aus durch die triefenden Scheiben. Bäume ragten aus Wiesen, die aussahen wie Teiche, und die meisten Bäche und Flüsse flossen lehmbraun durchs Land und kümmerten sich längst um keine Betten mehr. Dass in Florenz der Arno und bei Pavia der Po sogar Häuser und Strassen überschwemmte, sollte Bertha indes erst später, in Zürich, aus der Zeitung erfahren.

Marie erwartete sie am Hauptbahnhof. «Was? Du bringst dieses Mal nicht den halben Markt von Rom mit?», scherzte sie, als sie Berthas kleines Gepäck bemerkte. «Das wird Konrad gern verschmerzen. So muss er sich nicht schon wieder an etwas Neues gewöhnen.» Das Zusammentreffen der mediterranen Esskultur mit dem proletarischen Haushalt bedeutete jeweils eine kleine Revolution. In ihrem Treppenhaus roch es meist nach Kohl, ausgelassener Butter und Seifenlauge. «Du weisst doch, wer mit Olivenöl kocht, ist verdächtig. Die Leute können sich das Gerede, wir seien halbe Italiener, exgüsi: *Tschinggen*, diesmal auf alle Fälle sparen.»

Nein, Bertha war ums Scherzen nicht zumute. Sonst hätte sie mitgescherzt, diese Lästerer könnten ja noch froh sein, hätten sie in der Schule alles Fünfer, *cinque*, gehabt, die wüssten ja nicht einmal, dass dieses Schimpfwort vom Morraspiel herkomme: *«cinque-tre-ott»*. Vom lauten Zählen, und immer wieder ist zu hören: *cinque*.

Nein, nicht einmal reden mochte sie. Marie musste ihr die Worte regelrecht aus der Nase ziehen, um wenigstens zu erfahren, wie es in Pilonico Paterna ging und was Don Guerriero für neue Heldentaten vollbracht hatte. Und ob die Bauern ihn immer noch so reich beschenkten, dass in seinem Keller neben den rosigen Schinken der Messwein fassweise lagerte.

Nein, es gehe ihr nicht gut, entgegnete Bertha auf Maries Fragen. «Darum bin ich ja gekommen. Seit Kurzem überfällt mich plötzlich ein Zittern. Das ist unheimlich. Doch brauche ich vielleicht nur ein bisschen Ruhe. Ich bin alt und nicht mehr viel wert», klagte sie, während sich das Wasser in ihren Augenwinkeln sammelte. «Es ist Zeit für mich, abzutreten. So Gott will.»

«Wirst schon wieder aufkommen», meinte Marie, selber von bäuerlich drahtiger Konstitution, und munterte ihre Schwester auf: «Zusammen werden wir das wohl fertigbringen.»

Tatsächlich erholte sich Bertha schon nach kurzer Zeit. Es schien sogar, als würde sie gesund. Sie lachte, erzählte, und genoss auch das Essen wieder. Beim Zeitung lesen lebte sie richtig auf und freute sich, auch wenn es nur das Amtsblatt war, das ihr Marie, vom Einkaufen zurück, überreichte. Die Zeitungslektüre gehörte für Bertha immer schon zum Tag wie früher die kurze Andacht in der Kirche nebenan. In Rom war der «Corriere della Sera» ihr Leibblatt.

Nun sass sie in der Küche auf dem Taburett mit dem Schachbrettmuster und las aus dem Amtsblatt laut vor, derweil Marie den Inhalt ihrer Einkaufstasche auf dem Tisch ausbreitete und dabei vor sich hin brummelte, die Verkäuferin habe ihr Faules untergemischt. «Kardinal Mindszenti fordert Hilfe. Auf dem Dach seines Palastes in Budapest stehen Soldaten mit Gewehren, Schnellfeuerwaffen und Handgranaten», las sie, ohne zu merken, dass ihr die Schwester nicht zuhörte. Sie schien vergessen zu haben, dass Marie schwerhörig war. «Vor Journalisten erklärte der Kardinal auf deutsch: ‹Was hier am 23. Oktober begann, war wunderbar. Unsere Jugend, unsere Soldaten, unsere Arbeiter und sehr viele russische Soldaten haben sich gegen das Regime erhoben. Wir haben viele Helden bei uns, aber Tausende Verwundete liegen in den Spitälern.›» Und wie immer, wenn Bertha etwas bewegte, redete sie italienisch: *«Oh dio mio, che tragedia!* – Hast du das gehört?» Und merkte nicht, dass ihre Worte ins Leere klangen.

«Du musst es mir später nochmals erzählen», rief Marie etwas verdrossen, «wenn ich meinen Hörapparat trage.»

Berthas Besserung war indes nicht von Dauer. Nach einem Jahr fing es wieder an. Und zwar schlimmer als zuvor. Oft sass sie von morgens bis abends im gleichen Sessel in der Stube und schaute starr in Richtung des Fensters. Ob sie in sich hineinschaute, war nicht ersichtlich.

Draussen nieselte es. Ein typischer November-Nebeltag. Der Winter hatte den Herbst in diesem Jahr besonders früh und frostig verabschiedet. Obschon sie froh war, hier zu sein, graute es ihr vor solchen Tagen. Sie war nun siebzig. «Was mache ich mit meiner Wohnung in Rom? Und was geschieht mit dem Haus in Ragaz?», sinnierte sie, hin- und hergerissen zwischen dem Wunsch, es den Geschwistern recht zu machen und ihrem Gewissen. Sie hatte ihrer Mutter versprochen, das Elternhaus in der Familie zu halten. Doch die Geschwister in Ragaz liessen ihr keine Ruhe. Sie wollten, dass sie es verkaufte.

Marie hatte den vergilbten Tüll beiseite geschoben, damit sich das Zimmer erhellte. Aber es blieb düster in der mit Möbeln voll gestopften Stube mit der rauchbraunen Tapete, dem spiegelglatt lackierten Vitrinen-Buffet, den dunklen Stühlen um den runden Tisch beim Fenster, den eine bunte Tischdecke drapierte. Bertha hörte dem Treiben zu, das auf der Strasse herrschte, wickelte die gestrickte Flickendecke enger um ihren Unterleib und stützte ihre kurzen Beine auf den mit braungeflammtem Plüsch überzogenen Fussschemel, so dass nur noch die Zehenspitzen hervorguckten. Das kleingemusterte Kopftuch, unter dem sie das schüttere und farblose Haar verbarg, schlang sich eng anliegend um ihren Kopf. Sie stellte sich vor, wie junge und alte Frauen mit Einkaufstaschen, die eine oder andere mit Kindern im Geleit, von einem Laden zum nächsten hasteten. Wie andere stehen blieben vor der Bäckerei oder dem Milchladen und einander erzählten, wer mit welcher Krankheit wie lange noch im Krankenhaus liegen möge, oder dass die nun doch schon ältere Nachbarin ein Kind bekomme, oder darüber jammerten, dass das Brot schon wieder teurer würde. Schon ging der Nebelregen in Schnee über. Ein paar Flocken schmolzen an der Fensterscheibe. Diese endlosen Ketten weisser Sterne ermüdeten ihre Augen. Bertha nickte immer wieder ein.

Dienstags war Müllabfuhrtag. Konrad war nicht der einzige Pensionierte, der den drei italienischen Gastarbeitern zuschaute, wie sie die überfüllten Eimer krachend in den Abfuhrwagen, Patent Ochsner, kippten. Dabei sog er stumm an seiner Pfeife, wenn die anderen über «diese Ausländer, die nicht wissen, was Ordnung ist, und überhaupt viel zu laut sind», schimpften, nur weil die leeren Kübel nicht mehr wie die Soldaten in Reih und Glied auf dem Trottoir standen. Nie sah man ihn ohne seine Deckelpfeife zwischen den Zähnen oder einen

Stumpen im Mundwinkel, oft zu einem Stummel geschmort oder ganz verlöscht.

Er müsse immer etwas werkeln, *chlüttern*, sagte Marie. Kaum hatte er die mit Konfitüre bestrichene Brotschnitte mit dem dünnen Morgenkaffee hinuntergespült, schaufelte er Kohle in die Zentralheizung, holte den Reisbesen aus dem Keller, wischte die Treppen sauber, die zu den verschiedenen Hauseingängen führten und bestreute sie mit Sand und Asche, so dass niemand ausrutschen konnte. Es gab nichts Glitschigeres als eine dünne Schneeschicht über dem honigfarbenen, halbverfaulten Laub, das die hohen Birken abgeschüttelt hatten. Er hielt das Kieswegnetz in Ordnung, das sich weit verzweigt um die Blöcke wand. Genossenschaftssiedlungen wie diese boten im damals roten Zürich auch für die kleinen Leute erschwinglichen Komfort: Die Dreizimmerwohnung war mit Badezimmer, Balkon und Zentralheizung ausgestattet. Als Hilfshauswart verdiente sich Konrad Pfeifentabak und Stumpen.

War er mit der Hauswartung fertig, gärtnerte er jeweils im eigenen Revier. Er war stolzer Besitzer eines Schrebergartens entlang dem Bahngeleise beim Güterbahnhof. Dort zog es ihn hin. Dort roch es nach früher, nach Rost im Schotter, den der Regen aus den Schienen ausgewaschen hatte, nach Maschinenöl und Kohledampf. Hier sah er die Rauchsäulen, die sich auflösten, beobachtete die Züge, wie sie aus dem Dampf auftauchten und wieder verschwanden, während er Unkraut aus den Kabis- und Kartoffelbeeten zupfte.

Vor der Frühpensionierung war er Rangierarbeiter. Hätte er damals die Beförderung zum Rangiermeister angenommen, wäre es anders gekommen. Doch er mochte den hautengen Kontakt mit der Bahn nicht mit einem Schaltpult vertauschen. Die SBB wollten ihn für seinen Mut auszeichnen, da er eine Zugskollision verhindert hatte. Er sah, wie ein herrenloser Güterzug ausgerechnet auf jenes Geleise zuraste, auf dem ein Personenzug eintreffen sollte. Ohne zu überlegen, sprang er auf den Güterzug, hangelte sich zur Bremse und brachte das Gefährt zum Stehen. Jahre später: Konrad war nicht mehr so gelenkig wie damals. Von Schwindel gepackt, bekam er den Schwengel, den er in die Kupplungsspindel einführen sollte, nicht zu fassen und fiel rücklings auf die Schiene zwischen die beiden Güterwagen. Gegen seinen Willen wurde er in Rente geschickt.

Durch die Rentenkürzung war Marie gezwungen, jeden Rappen umzudrehen. Um Spott und Geschwätz, sie unterstütze einen roten Lebensmittelhändler, kümmerte sie sich allerdings keinen Deut, wenn sie jeweils am Strassenrand auf Gottlieb Duttweilers mobilen Migros-Wagen wartete. Sie blieb im Gegensatz zu Bertha die einfache Landfrau, bäurisch, haushälterisch, eher spröd. Auch konnte sie ihrem Ärger ziemlich laut Luft machen. Wenn Konrad wieder einmal vergessen hatte, die Glut aus der Pfeife zu klopfen, bevor er sie in den Sack steckte. «Raucht wie ein Türk und verbrennt mir auch noch die Hosentaschen.»

Eines Abends erklärte Marie, sie wolle übermorgen mit Bertha nach Bad Ragaz fahren. Gustav und Emil riefen immer wieder an und fragten, wie es Bertha ginge. Doch in Wirklichkeit hatten die Geschwister nur eines im Sinn: Bertha solle endlich das Elternhaus verkaufen, damit sie das Geld unter sich verteilen könnten. Sie fürchteten nämlich, Berthas ganzer Besitz könnte in die Hände ihrer italienischen Verwandten fallen. Darum wollten sie sie zur vorzeitigen Erbteilung überreden.

Marie wusste um den Zwiespalt ihrer Schwester, die das Haus um nichts in der Welt verkaufen wollte, aber auch nicht fähig war, die Wünsche ihrer Geschwister abzuschlagen. Vor dem Treffen mit dem Notar zog Marie ihre Schwester in jenes Café, das Bertha, wenn sie in Bad Ragaz war, gerne besuchte. «Wir trinken den Kaffee lieber draussen auf der Terrasse. Ich will nicht, dass mich jemand sieht», bat Bertha trotz den Regenwolken, die am Pizol herunterhingen.

Auf der Notariatskanzlei war alles bis ins letzte Detail vorbereitet. Gustav und Emil stützten Bertha die Treppe hinauf und setzten sie in den Ledersessel neben den kleinen Tisch, auf dem sich die Papiere türmten. Der Notar hatte die Verträge, die den Hausverkauf und die Erbteilung regeln sollten, in zehnfacher Ausfertigung bereitgelegt. Die Brüder redeten auf Bertha ein. Sie sollte bloss noch unterschreiben. Und als sie die Füllfeder ergriff, machte sich auf ihren Gesichtern Erleichterung und Genugtuung breit.

Aber dann ergriff ein Beben Berthas Leib. Die Feder pendelte hin und her. Ermattet, wie mit letzter Kraft zog sie die Hand zurück, legte sie in ihren Schoss und schüttelte den Kopf. Tränen rannen aus ihren Augen auf den frisch gestärkten Kragen ihrer Bluse.

Berthas Schwester Marie mit ihrem Mann Konrad in Bad Ragaz, um 1950.

Unverrichteter Dinge reisten sie und Marie wieder ab. Die anderen blieben wütend zurück.

Von diesem Tag an verschlechterte sich Berthas Zustand rapide. Schien sie bisher ihr Schicksal geduldig anzunehmen, so begann sie, sich nun dagegen aufzulehnen. Das äusserte sich in Wutausbrüchen, die sich gegen ihre nächste Umgebung richtete. Sie zeterte los und beschimpfte alle und auch ihre Schwester: «Warum redest du immer so laut, ich kann das nicht mehr ertragen.» Marie war ratlos.

Es wäre nun an der Zeit, fand sie, die Hilfe eines Arztes in Anspruch zu nehmen. Sie hatte die Beschwichtigungen «es wird schon alles wieder gut» satt. Damit wollte sie sich nicht mehr länger hinhalten lassen. Jetzt musste Klarheit darüber geschaffen werden, was mit Bertha los war. Wenigstens einen Namen sollten diese Zustände bekommen. Endlich schaffte es Marie, ihre Schwester kurz nach Neujahr zur Untersuchung ins Kantonsspital zu bringen.

Zum ersten Mal in ihrem Leben war Bertha nun als Patientin in einem Spital. Schicksalsergeben liess sie die Untersuchungen über sich ergehen. Es kam ihr seltsam vor. Nachts hörte sie ein Rauschen wie von unzähligen Brunnen, zuerst fein und sanft rieselnd, in einen kräftigeren Strahl übergehend und dann mächtig plätschernd. Aber es war nur das eigene Blut, das im Gehörgang widerhallte. «Vielleicht bin ich schon tot», halluzinierte sie. Oder sie fragte sich: «Warum dieser Aufwand, mein Leben zu verlängern? Wo doch keine Kraft mehr da ist für Neues, nicht einmal für die alten Freundschaften reicht sie noch.»

Insbesondere die ersten Tage und Nächte waren für sie schrecklich. All diese unbekannten, bleichen Gesichter in den mächtigen weissen Kissen. Diese endlosen Gänge mit den glänzenden Linoleumböden. Dieser stechende Gestank der Desinfektionsmittel, diese in Watte gepackte Geschäftigkeit.

Am Morgen des zehnten Tages erklärte ihr der Oberarzt, ein beleibter Mann mit einer rosa Haut und hellblondem Flaum über der sich ausbreitenden Glatze: «So, Frau Perin Mantello, wie geht es uns denn? Morgen dürfen Sie wieder heim.» Gesund sei sie zwar nicht, sagte er. Doch das könne sie leider auch gar nicht mehr werden. Deshalb dürfe sie fortan auf gute Pflege nicht verzichten. Denn je weiter sich ihre Krankheit entwickeln würde, desto weniger wäre sie in der Lage, selbständig zu leben.

«Sie leiden an einer bis jetzt noch nicht in allen Details erforschten Krankheit», sagte er. «Morbus Parkinson, die parkinsonsche Krankheit ist ein typisches Altersleiden.»

Bertha gab sich zwar jede Mühe, den Ausführungen des Arztes zu folgen. Aber ihr kam es vor, als hörte sie seine Stimme von weit her, und redete er nicht zu ihr, sondern zu ihrer Bettnachbarin, von der sie jeden Morgen und jeden Nachmittag gefragt wurde, wie spät es sei, wann das Essen komme, und ob es etwas Gutes gebe, und von der sie, wenn diese schnarchend röchelte, nachts oft geweckt wurde.

Die Krankheit heisse so, dozierte der Doktor, weil ein James Parkinson, englischer Arzt, sie 1817 entdeckt habe. Sie äussere sich als Schüttellähmung. Von den Betroffenen werde sie leider immer ganz bewusst wahrgenommen. Denn die geistigen Fähigkeiten blieben intakt. Man nehme an, dass ein Kurzschluss im Gehirn den Informationsaustausch zwischen den Muskeln und dem Nervenzentrum unterbrochen habe. Mehr wisse man noch nicht. Es werde zwar intensiv weiter geforscht. Aber es gehe halt manchmal lange, bis daraus etwas werde und die Kranken davon profitierten. «Leider können derzeit bloss die Symptome mit Medikamenten etwas gemildert werden. Heilbar ist Morbus Parkinson aber nicht. Noch nicht.»

Nun war der Strohhalm ihrer Hoffnung geknickt. Bis zu diesem Augenblick hatte Bertha noch immer geglaubt, mit etwas gutem Willen ihre Anfälle meistern zu können. Jedoch half, das sah sie nun ein, kein noch so intensiv herbeigesehnter Willensakt, das unkontrollierte Herumschiessen der Glieder zu zähmen. Das traf sie hart.

Unerträglich war ihr vor allem der Gedanke, Rom nie mehr zu sehen. Nie mehr in die eigene Wohnung zurückzukehren, für sich selber zu kochen, täglich auf den Markt zu gehen. «Damit ist es endgültig vorbei», sagte sie zu sich. «Addio Roma!» Ein Pflegefall geworden zu sein, damit mochte sie sich nur schwerlich abfinden. Immer hatte sie alles selber gemacht, war nur in Ausnahmefällen bereit, Hilfe von anderen anzunehmen. Oft kamen andere zu ihr, wenn sie etwas brauchten.

Das Landhaus auf dem Hügel

In Pilonica Paterna bekamen Klatsch und Gespött immer von Neuem Nahrung: Wenn Don Guerriero verschlafen und unrasiert zur Frühmesse erschien, vergessen hatte, am Vorabend die Hostien bereitzulegen und seinem Messdiener verstört ein Zeichen gab, er solle diese aus der Sakristei herbeischaffen. Oder wenn er Marina und Paula an einem Sonntagnachmittag in den Topolino packte und zum Dorf hinauspreschte, um mit ihnen San Francesco und die wunderbaren Bilder zum Leben des Heiligen in der Basilika in Assisi zu besuchen, wie Marina später im Dorfladen prahlte.

Zum Dorfgespräch wurde aber auch der Bau eines Hauses und verdrängte eine Zeit lang den alten Klatsch. Eine reiche Mailänderin plante auf dem Hügel gegenüber der Kirche ihren Alterssitz, um standesgemäss und in ländlicher Abgeschiedenheit ihren Lebensabend zu verbringen. Das war allein schon darum aussergewöhnlich, weil seit dem Bau der Kirche im Dorf nichts mehr, jedenfalls kein grösseres Gebäude gebaut worden war. Aber nun wussten die Leute nicht, sollten sie sich geehrt fühlen oder sich eher darüber ärgern, dass akkurat an dieser Stelle eine Villa Meter um Meter aus der Kuppe des Hügels wuchs, sozusagen in Konkurrenz zur Kirche.

Erst recht in Schwung geriet das Gerede indes, als die Signora, kaum deckte ein Flachdach die drei Stockwerke und den turmartigen Vorbau, ihr Vorhaben wieder aufgab. Sie habe es sich anders überlegt, hiess es, und wolle das halbfertige Haus wieder verkaufen. Ebenso den dazugehörenden mächtigen Umschwung; das Land reichte bis zur Landstrasse hinunter, die ostwärts nach Gubbio und westwärts nach Perugia führte. Aber unter den Leuten im Dorf hatte niemand das Geld, ein solches Anwesen zu erwerben.

Nur Marina träumte von diesem Haus und dem Hügel. Sie hatte keine Lust, zeitlebens bei ihren Eltern im Pächterhaus der Pfarrei zu leben. Jeden Tag schaute sie sehnsüchtig dorthin und malte sich aus, wie schön es wäre, mit Paula dort zu leben und Don Guerriero bei sich zu haben. Die steile Zufahrt sollte, so träumte sie, von Rosenbäumen gesäumt sein. So schwärmte sie unaufhörlich und bat Don Guerriero, ihr diesen Wunsch zu erfüllen, um ihnen allen, ihrer Tochter und ihm eine Zukunft zu sichern, wozu dieses Haus das Fundament werden sollte.

Nachdem ihm Marina seit Wochen in den Ohren gelegen hatte, fasste Don Guerriero den Entschluss, das Erträumte zu verwirklichen. Zu diesem Zweck musste er – wie schon einmal – seine Tante von der einmaligen Gelegenheit überzeugen. Inzwischen malte er sich selber aus, wie schön das wäre, wenn sie alle, Marina, ihre Eltern und das Mädchen sowie die alte Zia, unter einem Dach lebten. Also setzte er sich an den Schreibtisch und schrieb Bertha einen Brief, er habe einen Plan für die Zukunft, der auch sie betreffe. Und da er ihr diesen persönlich erläutern wolle, komme er demnächst nach Zürich – zusammen mit Marina und Paula.

Kaum zwei Wochen waren vergangen, da parkte vor der Genossenschaftssiedlung das kleinste Auto Italiens, vollbepackt bis zum Dach. Der Pfarrer und seine heimliche Frau brachten alles Erdenkliche an Lebensmitteln mit: Teigwaren in verschiedensten Formen und Farben, mit und ohne Füllung, mehrere Flaschen Olivenöl, Knoblauch, allerhand Gewürzkräuter und Gemüse, die Marie nicht kannte und natürlich einen Bidon eigenen Weines. Als gebe es in der Schweiz nichts zu essen. Und auf einem dicken Kissen über den Kartoffeln aus eigener Produktion, die in einer Kiste lagerten, thronte die dreijährige Paula.

Noch am gleichen Abend kam Don Guerriero zur Sache: «Liebe Tante», säuselte er, «du kannst doch nicht ewig hier bleiben, deine Schwester wird auch nicht jünger. Und nach Rom zurück in deine Wohnung kannst du ohnehin nicht mehr. So haben wir uns immer wieder Gedanken gemacht. Und haben den Entschluss gefasst, dass wir für dich sorgen wollen. Bei uns steht ein grösseres Haus zum Verkauf», verkündete er. «Ganz allein auf einem Hügel steht es. Die Mailänderin, der das Haus gehört, wollte darin ursprünglich das Ende ihrer Tage verbringen. Doch jetzt fürchtet sie sich vor so viel ländlicher Ruhe und will Haus und Hügel verkaufen. «Liebste Tante, die Gelegenheit ist einmalig: Wir möchten dieses Haus kaufen und wollen dir darin einen Platz einrichten. Denk nur, du könntest vom Fenster aus deine Kirche sehen und mir zuschauen, wie ich zur Messe die Treppe hinauf zum Eingang steige. So musst du nicht in ein Pflegeheim und bist doch nie allein. Dafür musst du nur deine Wohnung in Rom und dein Haus in der Schweiz verkaufen.» Zur weiteren Bekräftigung seiner Absicht, aber eher beiläufig und hinterher, erwähnte der Pfarrer

Umbrisches Hügelland, Aussicht vom Friedhof in Pilonico Paterna.

noch: «Auch macht es sich einfach gar nicht gut, wenn Marina so nahe beim Pfarrhaus wohnt.»

Marie kam dieses Angebot durchaus gelegen. Obschon noch rüstig, fiel ihr Berthas Betreuung zunehmend zur Last. Doch der Gedanke, sie in einem Pflegeheim unterbringen zu müssen, quälte sie. Sie hatte ihre Schwester, die bereits im vierundsiebzigsten Lebensjahr stand, nun schon mehrere Jahre gepflegt. Sie selbst war ebenfalls schon über siebzig und seit zwei Jahren Witwe. Konrad war, wie es seine Art war, ohne viel Aufhebens gestorben. Er wachte nach einem geselligen Abend mit den Nachbarn am anderen Morgen nicht mehr auf.

Der Besuch der kleinen Familie glich zeitweilig einer Belagerung. Die kleine Paula rannte unermüdlich von Zimmer zu Zimmer und stiess ohrenbetäubende Schreie aus. Das kleine Mädchen schrie so schrill, dass die Kristallgläser in der Vitrine zitterten. Marie fühlte sich, als weile sie in ihren eigenen drei Zimmern zu Besuch. Auch verstand sie kein Wort, wenn Marina und Don Guerriero ihre kranke

Schwester mit Wortschwällen übergossen. Dabei tat Bertha ihr Möglichstes, wenigstens bruchstückhaft ein Gespräch in Gang zu halten, indem sie zwischen ihren schweizerischen und italienischen Verwandten hin und her übersetzte, bis ihr schwindlig wurde.

Nach ein paar schlaflosen Nächten war Bertha bereit, den Wunsch ihres Neffen zu erfüllen. Nur das Elternhaus in Bad Ragaz wollte sie unter keinen Umständen verkaufen. Das hätte für sie einen Verrat an ihrem eigenen Lebensziel bedeutet.

Die Sache war bald erledigt. Don Guerriero hatte alles minutiös vorbereitet. Bertha unterzeichnete die Vollmacht zum Verkauf ihrer Wohnung in Rom zugunsten ihres Neffen, der ihr nochmals unter Anrufung aller Heiligen versprach, mit dem Erlös ihren Alterssitz zu erwerben, wo sie einem würdigen Lebensabend entgegenblicken könne.

Schon im nächsten Frühling zogen Marina mit ihrer Tochter und den Pflegeeltern Pepe und Pepino ins weit herum stattlichste, wenn auch erst im Rohbau dastehende Haus ein. Berthas Hausrat aus ihrer Römer Wohnung diente als Einrichtung. Und da die Zia ihrem Neffen auch noch ihr Barvermögen anvertraut hatte, war Geld genug für alle da. Pepe und Pepino gaben ihre Pacht auf, so dass nun eine andere Familie den kirchlichen Bauernhof bewirtschaftete. Sie wollten nichts mehr mit Äckern und Feldern zu tun haben, pflegten stattdessen den Umschwung der Villa. Am Südhang des Hügels pflanzte Pepino Weinreben.

Don Guerrierio war nun nicht nur tagsüber in Marinas neuem Heim, wo er sein Büro eingerichtet hatte. Auch die Nacht verbrachte er hier. Daneben verwaiste das Pfarrhaus. Aber sein Doppelleben wurde im Dorf auch jetzt nicht offen kritisiert.

Im Spätherbst steuerte der Pfarrer den schwarzen Topolino erneut Richtung Zürich. Nun, um sein Versprechen einzulösen. Diesmal reiste nur Marina mit. Auch war das Auto nicht mehr wie das letzte Mal mit Esswaren voll bepackt. Als Mitbringsel brachten sie Marie einige Peperoni, die sie inzwischen heiss liebte, ein Kistchen Tomaten, eine Flasche Olivenöl und einige Gläser Oliven in Salzlake.

Sie kämen Bertha, wie angekündigt, abholen und müssten morgen früh wieder losfahren, erklärte Don Guerriero. Alles ging nun in Eile, für Marie viel zu schnell, um gedanklich nicht zurückzubleiben. Die bevorstehende Abreise ihrer Schwester drehte in ihrem Kopf endlose

Schleifen. Mit zittrigen Händen packte sie Berthas Habseligkeiten in zwei Koffer. Nachts tat sie kein Auge zu bis zum Morgengrauen, als Don Guerriero Bertha mit ihrem Gepäck ins Auto pferchte.

Während der ganzen langen Fahrt sass Bertha unbeweglich auf dem abgewetzten Rücksitz und schaute der vorbeiflitzenden Landschaft zu. Häufig hingen die Nebel in dicken Schwaden herab. Spätnachts kamen sie in Pilonico Paterna an. Ein Frost hatte die Nebel in Raureif verwandelt. Bertha wurde sofort ins Bett gesteckt. Doch schlafen konnte sie nicht. Zu sehr schmerzten ihre Glieder. Dazu drangen die Kälte und Feuchte ihr ins Mark.

Erst am Morgen sah sie, wo sie sich befand. Durch ein kleines vergittertes Oberlichtfester drang etwas Tageslicht. Nachdem sich ihre Augen ans Halbdunkel gewöhnt hatten, sah sie, dass man sie in einem Raum untergebracht hatte, wo allerlei Vorräte, Möbel und Gerätschaften lagerten. Sie fühlte sich wie vorzeitig im Grab. Erst jetzt bemerkte sie, dass der Stuhl, der neben dem Tisch stand, ein Rollstuhl war.

So hatte sich Bertha ihre letzten Tage in Pilonico Paterna nicht erträumt. Aber sie wagte es nicht, sich zur Wehr zu setzen. Marinas Erklärung schien ihr plausibel, man habe sie in diesem Raum einquartiert, weil das Haus im Innern noch nicht fertig sei, auch fehlten im Treppenhaus sowohl die Beleuchtung als auch das Geländer; darum könne sie nicht in den oberen Etagen wohnen. «Ich darf nicht daran denken, was geschehen könnte, wenn du nachts aufstehst und die Toilette suchst.»

Ihren Beteuerungen vermochte Don Guerriero nichts entgegenzusetzen. Dort unten müsse sich *la povera* weniger schämen, wenn sie die Suppe verschüttet oder in die Kleider genässt habe, was ja immer häufiger vorkomme. So beschwichtigte Marina ihr und sein Gewissen. Das wichtigste sei wohl Zia Berthas Sauberkeit. Ein Zementboden sei jedenfalls schneller geputzt als das Parkett. Und überhaupt spüre *la povera* ja von alldem nichts. Dieselbe Meinung vertrat auch Don Guerrieros Freund, Arzt und *professore*, der in Perugia eine Praxis betrieb. Einmal im Monat kam er zu Besuch und versorgte Bertha mit Medikamenten. Ihre Krankheit, erklärte er, habe ihr den Kopf verwirrt; darum sei sie nicht mehr voll empfindungsfähig. Sie werde nicht mehr lange leben, sei dem Tod schon bald geweiht.

Zuerst zeigte sich Don Guerriero masslos enttäuscht; er hatte mit Marinas gutem Willen gerechnet, seiner Tante den Lebensabend zu erleichtern. Mit ihrem weiblichen Mitgefühl. Als er merkte, dass sie hart blieb, gab er um des Friedens Willen, aber auch aus purer Bequemlichkeit nach. Zwar stach ihn der Anblick ins Herz, wenn sie die alte Frau mit dünnen Suppen abspeiste, ihr die schäbigsten Reste auftischte, während sie beide an ihrem Tisch und aus ihrem Geschirr die würzige *pasta asciutta* und den weich geschmorten Braten assen. Aber er unternahm nichts und schwieg.

Marinas Weisswarenvertrieb florierte inzwischen prächtig. Zeitweise beschäftigte sie bis zu einem Dutzend Angestellte, die meisten von ihnen Frauen. Das Wäschelager mit dem Ausstellungsraum, ein geräumiger Schuppen unterhalb der Villa, hatte Pepino mit zwei arbeitslosen Landarbeitern kurz nach dem Erwerb des Anwesens gebaut. Die Kollektionen stellte sie in den grossen Textilfabriken eigenhändig zusammen. Bereiste damit im eigenen Wagen das Land und besuchte ihre Kundschaft. Dank den guten Ratschlägen Don Guerrieros und seiner tatkräftigen Hilfe bei der Buchhaltung und Korrespondenz hatte sie den Umsatz massiv gesteigert. Und dank dem hervorragenden Geschäftsgang eröffnete sie eine Filiale in Genua.

Im Haus selber ging der Ausbau nur langsam, Zimmer für Zimmer voran. In der Küche blieb der alte Holzkochherd noch viele Jahre die einzige Wärmequelle im Winter. Dagegen bedeckte sandfarbener Marmor bereits den Boden des Treppenhauses und der Räume im ersten Stock, wo Marina und Paula logierten. Marmor auch im Badezimmer und goldglänzende Messingarmaturen. Erst recht stolz war Marina aufs Wohnzimmer, wo sich ihr Traum vom gutbürgerlichen Leben dank Berthas Habe aus der aufgelösten Römer Wohnung materialisierte: der massive Tisch mit sechs passenden Stühlen, das Mahagoni-Buffet im französischen Stil, gefüllt mit Kristall, erlesenem Porzellan und Tafelsilber. Benutzt wurde der Salon nur zur Repräsentation; wenn wichtige Besuche eintrafen, der Arzt und *professore*, der Advokat, der *sindaco* oder sonst eine Persönlichkeit, aber auch wenn Marina sonntags Don Guerriero mehrgängig bekochte. Paula und ihre Grosseltern mussten sich derweil in der Küche verköstigen. Und Bertha löffelte wie immer die wässrige Suppe in ihrem düsteren Separee am alten Holztisch.

Nie wusste Bertha, wie spät es war. Wenn draussen die Sonne die Wiesen versengte, herrschte hier drinnen die Feuchtigkeit. Etwas Licht drang einzig durch das kleine vergitterte Oberlicht, das von Spinnweben überzogen war, in denen der Staub mehrerer Jahre klebte und die sich samt dem dürren Laub darin gegen jeden Luftzug wehrten. Die Spinnen selbst waren längst in neue Netze umgezogen.

Im Dämmerlicht beschäftigte sie ihren Geist und vertrieb die Zeit mit Betrachten der Gegenstände um sie herum: Gestelle mit Türmen von Konservenbüchsen, Einmachgläser in allen Grössen und Formen, in etwa fünf Meter Entfernung stand ein Dutzend Korbflaschen, gefüllt mit Wein die einen, mit Olivenöl die anderen, daneben der Fernseher, dessen Scheibe dann und wann etwas Licht von draussen einfing und widerspiegelte, die alte Kommode, deren rosa Marmorplattte einen Sprung hatte. Die farblosen Umrisse des Holztisches, dessen Kanten spiessig waren, daneben der Rollstuhl, *la sedia a rotelle*. Pepino hatte ihn extra für sie kreiert und eigenhändig gezimmert. Ein Perfektionist war er nicht. Aber ein findiger Bastler. Er hatte einen alten Stuhl auf ein dickes Brett geschraubt und an dieses vier Räder eines alten Servierwagens montiert. In diesem rollenden Stuhl schob man Bertha vom Tisch zum Bett und umgekehrt, wobei das Gefährt aus jeder Fuge im Boden herausgerupft werden musste. Und sonntags wurde sie das steile steinige Strässchen hinunter bis zur Landstrasse und wieder bergan, hinauf zur Kirche gefahren. Auch die Bettstatt in der Ecke, dunkel fourniert und lackiert war Pepinos Werk. Er hatte sie notdürftig geflickt und anstelle der zerschlissenen Sprungfedern Holzlatten eingebaut. Der Bettinhalt bestand aus einer muffig riechenden Rosshaarmatratze, dem schweren Kissen, der Nackenrolle, darüber die dünne lila Steppdecke. Dass in ihrem ehemaligen Bett, auf dem tagsüber eine Riesenpuppe in pinkfarbigem Tellerrock thronte, Pepe und Pepino im Schlafzimmer des Dachgeschosses träumten, ahnte sie vielleicht.

Häufig befiel Bertha ein Gefühl von Scham. Wie damals als Mädchen, als sie wegen ihres Busens ausgelacht wurde, und jetzt für das Unvermögen, sich aus eigener Kraft fortbewegen zu können. Sie schämte sich, weil sie ihre Ausscheidungen nicht mehr beherrschte, so dass das Wasser ging, wie es wollte. Auch dass sie sich nicht wehrte, in diesem Loch ihr Leben zu fristen. «Gewiss bin ich selber schuld, habe dieses Schicksal wohl verdient», dachte sie. Ob Leid und Leben zusammengehörten? Leid und Leib würden sich ja auch nur durch einen einzigen Buchstaben unterscheiden, gehörten gewiss zusammen wie Pech und Schwefel. Leben und Tod. Ob man den Tod spüre? Entsetzt stellte sie sich vor, wie man ihr, wenn sie tot sei, ihren Hintern waschen und sich dabei ekeln würde.

Doch nicht immer quälten sie solche Gedanken. Trotz allem. Sie versuchte, die kleinen Freuden des Tages zu geniessen. Versuchte, die Zeit des Wartens erträglicher zu machen. Lauschte dem Gurgeln des Wassers durch die Röhren im Haus, dem sanften, feinen oder schrillen Pfeifen der Vögel, dem Rasseln der Krähen, lauschte dem Gesang der Olivenpflücker im November. Ihrem Zwiegespräch von Baum zu Baum. Von Hügel zu Hügel. Abwechselnd sangen sie sich ihre Lieder zu. Geschichten aus dem Stegreif, von Unerhörtem, das sich im Dorf jetzt oder einst ereignete, von den alltäglichen Sorgen und Plackereien, von Mord und Totschlag. Sie sangen im Rhythmus des Pflückens, während die Finger, denen sie zum Schutze Schildchen aus Karton übergestülpt hatten, die kleinen Früchte von den gestreckten Zweigen streiften, so dass sie direkt in den am Bauch baumelnden Korb fielen. Drei Viertel der Ernte gehörte den Besitzern der Bäume und des Bodens. Ein Viertel der Oliven war der Pflücker Lohn, deren Familie davon kaum satt werden konnte. Das Öl dieser Früchte liess sich mit Gold aufwiegen. Darum träufelte die Mutter einer Pflückerfamilie jedem Einzelnen am Tisch das kostbare Öl tropfenweise über die Bohnen, die Tomaten oder die Pasta.

Sie lernte den abfahrenden oder ankommenden Motor von Don Guerrieros Auto von jenem Marinas unterscheiden, hörte Pepino hämmern und sägen, beobachtete das Wandern des spärlichen Lichteinfalls entlang den Mauern und Gegenstände. So überbrückte sie die Zeit und das lange Warten aufs Essen und aufs Beten, auf Verrichtungen, die mit ihrer Regelmässigkeit die Tage voll Trübsinn ein bisschen berechenbar machten. Sie wartete auf die Düfte, die auch den kargsten Suppen noch entströmten. Und sie wartete auf ihren Neffen, der mit ihr das Morgen- und das Abendgebet hielt. Er kam jeweils Schlag acht am Morgen und punkt sechs am Abend.

Noch bevor die Tür aufging und er in einem Lichtschwall den fahlen Raum betrat, hörte Bertha Don Guerrieros Schritte. Häufig drängte er. Wollte sofort anfangen, war unruhig, ungeduldig und redete fahrig, leierte die beiden Ave Maria sowie das Pater Noster. Dennoch genoss Bertha seine Anwesenheit, seine sonore Stimme, die in ihrer Abstellkammer widerhallte. «Was für ein Mann!» Sie bewunderte seine wuchtige Gestalt im Gegenlicht. Sogar seinen deutlichen Ansatz zum Schmerbauch mochte sie. Und den Geruch des Schweisses, der seiner Soutane entströmte.

Sie freute sich wie ein Kind, wenn er murmelte, «Die *cena* ist bereit. Marina ist aber noch nicht da. Darum bringt Pepe sie dir. Es gibt Suppe heute.» Lachen wie früher, so dass die unzähligen kleinen Falten kreisförmig von ihrer zierlichen Nase zu den Ohren mit den vom Tragen schwerer Ohrringe langen Läppchen wanderten, konnte sie nicht mehr. Doch gelang ihr manchmal ansatzweise ein leises Lächeln mit den Augen.

Lebensabend im Untergeschoss

Ein Jahr lebte Bertha nun in Pilonico Paterna, als ihr Neffe nach Zürich schrieb, es gehe ihr miserabel. Die gute Zia könne kaum noch etwas selber machen. Nicht einmal den Löffel zum Mund führen. Es sei jederzeit möglich, dass sie diese Welt, so Gott wolle, in Frieden verlasse, weshalb es höchst dringend wäre, dass Marie, ihre geliebte Schwester, sie ein letztes Mal sehe. Ihr allergrösster Wunsch würde damit erfüllt. Und wenn Marie es sich nicht zutraue, die lange Reise ganz alleine zu machen, solle sie doch jemanden mitnehmen. Zum Beispiel ihre Schwiegertochter.

Schon seit Längerem wohnten Robert, seine Frau Vera und die Kinder im Nachbarhaus. Vera war schüchtern und knüpfte nur mit grösster Mühe Kontakte zu fremden Leuten. Auch gehörte sie zu jenen, die niemandem einen Wunsch ausschlagen konnten. Sie fühlte sich mit ihren vier Kindern oft einsam, überfordert und war froh, sich ab und zu mit ihrer Schwiegermutter zu unterhalten, sie um Rat zu fragen, wenn sie nicht mehr weiter wusste. Robert war wie die meisten Väter tagsüber abwesend. Ihm war bewusst, dass seine Mutter nicht mehr ohne Begleitung eine solch weite Reise unternehmen sollte, obschon sie früher keine Mühe hatte, mit Kind und Kegel ihre Schwester in Rom zu besuchen. Er war also einverstanden, dass Vera seine Mutter begleiten und er in dieser Zeit mit den Kindern allein haushalten werde. Eine Hafersuppe brächte er auch noch fertig, meinte er, dazu gäbe es Cervelats oder Landjäger.

Doch so schnell, wie Don Guerriero sich das vorgestellt hatte, konnten die beiden Frauen nicht abreisen. Marie musste sich zuerst von ihrem Unfall erholen. Zwei Wochen zuvor hatte sie sich bei einem bösen Sturz den linken Arm gebrochen. Vera nutzte diese Zeit, um einige Lektionen Italienisch zu nehmen, damit sie, wie sie meinte, nicht ganz so hilflos wäre, sollte sie jemand auf den Bahnhöfen Italiens, beim Umsteigen in Milano etwa, ansprechen. Und natürlich wollte sie sich, wenn auch bloss notdürftig, mit Berthas Verwandten verständigen können.

Es war an jenem ersten März, als Marie und Vera den Zug im Hauptbahnhof bestiegen, bitterkalt; das Thermometer zeigte mehrere Grad unter null. Und auch in Perugia pfiff ihnen ein eisiger Luftzug um die

Ohren. Die Gastgeber mussten sie nicht lange suchen. Don Guerriero hob sich in seiner Soutane von den wenigen Wartenden im Bahnhof ab. Neben ihm, eineinhalb Köpfe kleiner, stand Marina. Der Pfarrer nahm den beiden Reisenden die Koffer und Taschen rasch ab und verstaute sie im Topolino. Marie und Vera zwängten sich auf den schmalen Rücksitz, während Marina vorne Platz nahm. Don Guerriero hatte es wie immer eilig. Er raste durch die engen Gassen, kurvte um Schlaglöcher in der Pflasterung und um plaudernde Menschengrüpplein, an Markttischen vorbei, bremste haarscharf vor spielenden Kindern und streunenden Hunden. Am nördlichen Ende der Altstadt wurde die Strasse breiter. Dann ging's auf die andere Seite des Tibertals. Je ländlicher die Gegend wurde, desto schlechter waren die Strassen. Nach einer kleinen Ansammlung von Häusern steuerte der Pfarrer quietschend in eine Rechtskurve. Das Hügelland war unter einer hauchdünnen Schneekristallschicht erstarrt, das Schmelz- und Regenwasser in den Schlaglöchern schwarz gefroren. Eine solche Kälte, so wenige Farben und so viel Schwarz-weiss hatten Marie und Vera hier im Süden nicht erwartet. Sie klammerten sich an die Vordersitze. Ihnen war hundeelend. Don Guerriero gab nochmals heftig Gas, um zu verhindern, dass sie im steilen Strässchen, das zur Villa hinaufführte, stecken blieben.

Das war also Berthas Alterssitz, den ihr Neffe, der Pfarrer, mit ihrem Vermögen erworben hatte. Ihn als Villa zu bezeichnen, fanden Marie und Vera, sei wohl etwas übertrieben. Gross war das Haus zwar, modern und schnörkellos. Dem dreistöckigen Hauptgebäude war ein turmähnliches Treppenhaus angebaut. Das Flachdach des einstöckigen Anbaus auf der Südseite sollte vermutlich eine Terrasse werden. Noch immer waren weder die Mauern verputzt, noch war sonst etwas fertig. Im Treppenhaus baumelten die nackten elektrischen Drähte von den Decken und Wänden. Marina entschuldigte kokett lächelnd «diese nie enden wollende Baustelle». Sie kämen nur Stock um Stock vorwärts, sagte sie. Doch in ein paar Jahren werde es richtig schön sein: «Wenn erst die Rosenbäumchen links und rechts unseres Strässchens bis hinunter zur Landstrasse blühen.» Dann erklärte sie den beiden Frauen, wobei sie die Handflächen gegeneinander presste, warum man Bertha im Erdgeschoss einquartiert habe. Doch Marie und Vera verstanden bloss *«povera* Bertha», das sie immer wiederholte.

Erst als sie Berthas Quartier sahen, begriffen sie Marinas Wortschwall. Sie fanden die Arme in einem Sessel, starr wie eine Salzsäule, eingewickelt in eine lila Steppdecke. Das ganze Haus war kalt wie ein Kühlschrank. Nirgends wurde geheizt. Jede Türklinke, jeder Gegenstand strahlte Kälte aus. Marie und Vera zögerten, ihre Mäntel auszuziehen. Den Stuhl, auf dem Bertha sass, hatten sie auf den ersten Blick nicht als Rollstuhl erkannt. Bertha verzog keine Miene. Nur ein paar Tränen rollten über ihre wachsbleichen Wangen, als die beiden Frauen sie umarmten. Sie waren entsetzt über ihren Zustand. Aus ihrer Decke stach ihnen ein Gestank in die Nasen wie aus einem seit Wochen nicht mehr gereinigten Pissoir.

Am ersten Abend führte man sie in den Speisesalon. Don Guerriero schaffte mit Hilfe Pepinos seine Tante ausnahmsweise aus dem Untertagequartier ebenfalls zu Tisch. Allerdings nicht zum Essen, das hätte sie unten schon bekommen, bemerkte er, zusammen mit den Medikamenten. Während die beiden Männer den Salon verliessen und Marina in der Küche die Speisen anrichtete, flüsterte Marie betreten: «Hier ist ja Berthas ganzer Hausrat versammelt.» Der massive Tisch, die sechs gepolsterten Stühle, das Mahagoni-Buffet, die Biedermeier-Uhr und an der Wand der grosse Gobelin mit den spielenden Kindern, dem Hund, der eine Kuh ankläffte, und den weidenden Schafen. Marina trug zuerst eine *pasta asciutta* mit Tomatensauce auf, als zweiten Gang Braten und *cima di rapa*, ein Kohlgemüse, als Dessert gab es eine cremige Eierspeise mit Mandeln und Kaffee mit Gebäck. Marie erkannte jedes Stück wieder: die goldgeränderten Teller, das Silberbesteck, die Kristallgläser, die Schüsseln und Platten. An den Kopfenden des Tisches sassen die Gastgeber. Es würde das einzige Mal sein, dass Marie und Vera diesen Raum zu Gesicht bekämen.

Am darauffolgenden Tag verliess Don Guerriero das Haus in aller Frühe. Er war den ganzen Tag unterwegs, segnete, betete, salbte und erteilte Ratschläge, traf sich mit Freunden, dem Advokat in Perugia, mit Amtskollegen in Assisi. Und auch Marina war tagsüber beschäftigt, war als Handlungsreisende in Sachen Weisswäsche unterwegs, nachdem sie das halbe Dutzend Frauen aus dem Dorf, die im Lager unterhalb der Villa Wäsche sortierten, flickten und verpackten, unterwiesen hatte. Beide würden erst abends wieder heimkehren.

Nach dem Frühstück, das aus einigen trockenen *biscotti* bestand, die Pepino im Milchkaffee breiig machte, ging er aus dem Haus. Zuerst arbeitete er im Weinberg, schnitt einige Reihen Weinreben und machte sich dann auf den Weg in die fast vier Kilometer weit entfernte Bar. Hier genehmigte er sich mit einigen Kollegen seinen ersten Grappa, um dann pünktlich um ein Uhr zurück zu sein und am Mittagstisch seine Suppe zu schlürfen, die Pepe für die ganze Woche zubereitet hatte, täglich mit den anfallenden Resten anreicherte und mit mehr oder weniger Wasser verdünnte. Eine typische bäuerliche *minestrone*.

Am Nachmittag verbrachte Pepino die meiste Zeit vor dem Fernseher, wo sich auch seine Frau so oft wie nur möglich aufhielt. Denn nur durch dieses Fenster nahmen sie die Welt wahr, die jenseits ihrer Hügel existierte.

War Marina nicht da, oblag Pepe die Pflege Berthas; doch weder mochte sie diese Aufgabe, noch war sie ihr gewachsen. Aber es passte ihr auch nicht, wollten ihr Marie und Vera in der Küche helfen oder die Pflege Berthas abnehmen. «*No, no, faccio io*», wehrte sie ab. Es machte sie nervös, wenn die beiden sie beobachteten, wie sie Bertha hastig die Suppe in den Mund flösste, dabei schimpfte, wenn sie sich bekleckerte. Um sie loszuwerden, machte Pepe Handzeichen, sie sollen doch spazieren gehen, «*fare una passegiata*».

Doch Marie und Vera liessen sich nicht verscheuchen und sahen, wie Pepe Bertha traktierte. Auch wurden sie Zeugen, wie Paula sie quälte, um den Rollstuhl tanzte wie ein Kobold, dazu gellend lachte und die Zia verhöhnte, an ihr herumrupfte, die Fingernägel in ihren Arm grub und Striemen kratzte. Sie spüre ja nichts, hatte sie von den Erwachsenen gehört. War das Mädchen besonders übermütig und ritt sie das Teufelchen, spuckte sie Bertha ins Gesicht. Pepe tat so, als sähe sie nichts. Erst als Paula mit dem Messer auf die Tante loszugehen drohte, hielt Pepe sie zurück. Folgte das Kind etwa dem unterschwelligen Unmut seiner Eltern und Grosseltern? Glaubte es, ihnen mit dem grausamen Spiel einen Dienst zu erweisen? Jedenfalls spitzte Paula jeweils die Ohren, wenn sich Marina über *la povera* beklagte, Pepe loszeterte, sie habe alles schmutzig gemacht, oder Don Guerriero seufzte, der Herrgott möge Zia Bertha doch endlich von ihren Leiden erlösen.

Von Tag zu Tag liess Pepe die Gäste aus der Schweiz deutlicher spüren, dass sie unerwünscht seien, aber auch, dass sie die pflegebedürftige Bertha ins Pfefferland wünschte. Eines Morgens zupfte Pepe Vera am Arm und versuchte aufgeregt und mit ausholender Geste, ihr klar zu machen: *«Zia in Svizzera, in Svizzera prendere Zia.»* Sie redete solange auf sie ein, bis sie den Eindruck hatte, sie werde verstanden: Bertha könne nicht länger hier bleiben. Sie müsse weg. Sie müssten sie mitnehmen in die Schweiz. Vera verschlug es zunächst die Sprache. Stammelnd brachte sie hervor: *«Non va, non va!»* Da sie auf Italienisch, was ihr durch den Kopf ging und ihre Wut und Fassungslosigkeit, nicht ausdrücken konnte, fing sie an, französisch zu reden: Wie sie sich das denn vorstelle, Bertha könne ja nicht einmal gehen. Überhaupt, habe man dieses Haus mit ihrem Geld gekauft, ihren Möbeln ausstaffiert, um ihr hier einen würdigen Lebensabend zu ermöglichen. Und nun behandle man sie wie eine Gefangene, verbanne sie in den Vorratskeller und gebe ihr nicht einmal richtig zu essen. Von guter Pflege könne keine Rede sein. Nein, sie könnten Bertha nicht mit in die Schweiz nehmen.

Pepe hatte begriffen. Aber von nun an unternahm sie alles, den beiden den Rest ihres Aufenthaltes zu verderben. Anstatt ihnen das Essen in der Küche aufzutischen, wo der Herd etwas Wärme verströmte, verbannte sie Marie und Vera in den eiskalten Nebenraum, wo der Fernseher auf einer Holzkiste pausenlos eingeschaltet war. Zum Frühstück die staubtrockenen *biscotti* und eine Tasse Milchkaffee. Am Mittag ein kleines Stück zähes Suppenhuhn und in Wasser schwimmendes Gemüse, vier bis fünf Blumenkohlrosen oder ein paar Stücke bleichen Lauches. Abends schwamm in der Suppe gar nichts mehr. Satt wurden sie jedenfalls nicht. Als hätte Marie das geahnt, hatte sie den Gastgebern nicht das ganze Kilo mitgeführter Schokolade geschenkt; sondern sie legte einige Tafeln auf die Seite. So konnten sie und Vera, wenn sie nachmittags zur Erwärmung ihrer steif gefrorenen Glieder ausgedehnte Spaziergänge unternahmen, ihre knurrenden Mägen an Wegrändern rastend mit ein paar Stückchen Schokolade beruhigen.

Kamen sie auf ihren Wanderungen an den Bauernhöfen vorbei, wurden sie von verstohlen-verwunderten Blicken begleitet. Wer ging schon mitten am Tag und ohne Ziel spazieren? Und das bei solch steifer Brise! Aber schon bald kannten die Leute sie und grüssten freundlich. Die Hunde bellten nicht mehr, und sogar die Gänse vergassen zu schnattern, wenn sie sich einem Gehöft näherten.

Als sie wieder einmal beim nächst gelegenen Hof vorbeigehen wollten, die Hände tief in den Manteltaschen vergraben, so dass die Schokolade zu schmelzen drohte, trat die Bäuerin aus dem Haus, begrüsste sie herzlich und machte Zeichen, sie sollten ihr ins Haus folgen. Auf Wärme hoffend, nahmen sie die Einladung freudig an.

Tatsächlich glimmte in dem mächtigen Kamin in der grossen Küche ein dickes Stück Holz. Links und rechts des Feuers waren zwei steinerne Sitzbänke eingebaut, die vier Personen bequem Platz zum Sitzen boten. Um den langen Tisch sassen gegen zwanzig Personen: Kinder, Halbwüchsige, Männer und Frauen zwischen zwanzig und neunzig; die Bäuerin, der Bauer, zwei Grossmütter und ein Grossvater. Eine vollzählige Grossfamilie. Der Älteste, wahrscheinlich der Urahn der Sippe, aus dessen braunlederner, durchfurchter Haut zwei lebendige Äuglein blickten, schob das Holzstück immer weiter in die Glut, so dass kleine blauviolette Flammen aufflackerten und sich im ganzen Raum eine wohlige Wärme verbreitete.

Die Bäuerin holte zwei Stühle und bat Marie und Vera Platz zu nehmen. Als sie Brot, Wein, Wurst und Käse, später Kaffee, Grappa und einen Teller voll Gebäck auftischte, fühlten sich die beiden Frauen fast wie im Paradies. Etwas verschämt legte Marie ihre Wegzehrung, die Schokolade, auf den reich gedeckten Tisch, was mit freundlichem Nicken verdankt wurde. Die sprachliche Verständigung beschränkte sich freilich auf wenige Worte. Umso mehr wurde mit Gesten und Blicken ein Einverständnis hergestellt.

Vergnügt und leicht beschwipst kehrten die beiden an diesem Abend in die kalte Villa zurück, wo ihnen Pepe wie immer die wässrige Suppe vorsetzte, was ihnen diesmal nichts ausmachte. Eine Stunde später kochte Marina für sich und Don Guerriero eine *pasta al brodo*, ein rechtes Stück Fleisch mit Kartoffeln und Karotten, das sie im Salon gediegen verspeisten. Und wie immer gingen Marie und Vera, um nicht zu frieren, mit den Hühnern zu Bett.

Doch zum Schlafen waren ihre Köpfe an diesem Abend allzu wach. Sie plauderten noch eine gute Weile, vergegenwärtigten sich den aussergewöhnlichen Tag nochmals. Dabei wurden sie ungewollt Ohrenzeuginnen, wie der Pfarrer mit seiner Geliebten die ihm verbotenen Wünsche des Leibes genoss. Als sie hörten, wie die Bettstatt im Nebenzimmer rhythmisch knarrte, kicherten sie wie Schulmädchen in die Kissen.

Am nächsten Tag schilderten sie Bertha ihre Erlebnisse, erzählten von der gastfreundlichen Bauernfamilie, dem frugalen Vesper und was sie abends im Bett unfreiwillig mitbekommen hatten. Lachen konnte Bertha nicht. Aber ihre Miene erhellte sich deutlich, und ihre Augen verrieten Erheiterung.

Eines Morgens kam Don Guerriero in die Küche gestürmt und erklärte – Marie und Vera knabberten gerade an den *biscotti* –, er wolle sie mitnehmen, ihnen die Sehenswürdigkeiten von Perugia zeigen, bis dato hätte er viel zu viel zu tun gehabt, aber nun könne er das mit einem Besuch in der Bibliothek sowie einem andern Geschäft verbinden.

Marie und Vera freuten sich, endlich selber zu Gesicht zu bekommen, was ihnen Bertha in den schillernsten Farben ausgemalt hatte: Perugias wunderbare Altstadt, wo ausgewanderte Schweizer die beste Konditorei führten. Marie nahm vorn neben Don Guerriero Platz und Vera auf dem Rücksitz. Beide krallten sich an ihren Sitzen fest. Denn wie gewöhnlich fuhr der Pfarrer, als verfolgte ihn eine Räuberbande.

Während er seine Geschäfte erledigte, flanierten Marie und Vera in Perugia auf dem prächtigen Corso, bewunderten den Dom und den mächtigen Brunnen davor. Aber kaum hatten sie angefangen, die Relieffiguren rund um das Becken näher zu betrachten, tauchte Don Guerrieros wehende Soutane aus der morgendlichen Geschäftigkeit auf. Als bereute er schon wieder seinen Entschluss und die verlorene Zeit, brachte er das Besichtigungsprogramm so rasch wie möglich hinter sich. Nirgends blieben sie stehen oder schauten etwas geruhsam an. Wie von einem Wespenschwarm verfolgt, eilte er über die schönsten Plätze, durch Strassen und Gassen. Die beiden Frauen hinter ihm her.

Er drängte zum Aufbruch, denn er wollte im gleichen Aufwisch seinen Gästen aus dem Alpenland noch Assisi zeigen. Wieder gönnte er ihnen weder Musse noch Beschaulichkeit. Sie flitzten hinter seinem schwarzen Rock her und holten die schnellen langen Priesterbeine nur mit Mühe ein. Wieder sahen sie kaum etwas, woran sie sich später hätten erinnern können. Don Guerriero versäumte es, sie durch die zweistöckige Basilika San Francesco mit ihren wunderbaren Wandgemälden zu führen. Dafür besuchten sie den Dom Santa Chiara. Aber sie verstanden erst hinterher, dass der gläserne Sarg in der Krypta, der von einer Menschenmenge umringt war, den Leichnam der Heiligen enthielt, der Gefährtin des heiligen Franz. Was sie hätten sehen können, entnahmen sie zuhause dem Reiseführer.

Als sie Bertha vom Ausflug berichteten, zuckten ihre Mundwinkel und ein schelmischer Zug um ihre Augen verriet, dass sie sich amüsierte. Überhaupt schien es ihr nach Langem etwas besser zu gehen. Auch gelang es ihr plötzlich, wieder einige Worte zu formulieren. Das Gewissen habe ihn geplagt, erklärte sie, ein schlechter Gastgeber zu sein. Jemand im Dorf habe ihn nämlich gefragt, ob sich wohl die Schweizerinnen bei ihm langweilten, dass sie so viel in der Gegend umherspazierten.

Marie hatte trotz Pepes Protest durchgesetzt, dass sie und Vera, solange sie da waren, sich um Berthas Wohlergehen kümmerten, sie wuschen und pflegten die vernachlässigten und wund gewordenen Stellen, sorgten für frische Wäsche, verabreichten ihr Medikamente und Speisen, machten den Raum so gut es ging sauber und entfernten die staubigen Spinnweben vom Oberlicht, reinigten die Scheiben, so dass ein blasser Schimmer das Dämmerlicht leicht aufhellte.

Sie waren gerade mit der morgendlichen Prozedur fertig, als Don Guerriero in aufgeräumter Stimmung hereinkam, frisch rasiert und wohlriechend in Ausgangskleidung: schwarzer Anzug und steifer weisser Stehkragen. Er wolle heute nach Perugia zu seinem Freund, dem *avvocato*.

Er hatte die Besserung des gesundheitlichen Zustandes seiner Tante mit grosser Freude zur Kenntnis genommen. Darauf hatte er schon lange gehofft und wollte diese nun für seine Pläne ausnützen. Bertha käme mit, sagte er, sie sollten sie warm ankleiden und sich selber ebenfalls bereit machen. Er habe mit Bertha über die Sache gestern Abend nach dem Gutenachtgebet geredet, sagte er. Sie brauche nur ihre Unterschrift zu geben, sonst sei alles in die Wege geleitet. Wie schon Berthas Geschwister in Bad Ragaz hatte auch er es auf das Haus dort abgesehen und dachte, mit Hilfe seines Anwaltfreundes Bertha zum Verkauf des Elternhauses überreden zu können. Mit dem

Erlös wollte er den Ausbau der Villa endlich vollenden. «Es muss dringend eine Heizung eingebaut werden. Das siehst du doch auch, cara zia», sagte er zu Bertha gewandt. Er hatte bemerkt, dass sich die Tante in Gegenwart ihrer Schwester und Veras sicherer und ruhiger fühlte. Darum bestand er auf ihrer Begleitung.

Er müsse langsam fahren, forderte Marie gereizt, ihr werde es sonst schlecht. Don Guerriero parkte direkt vor der Anwaltskanzlei. Mit Hilfe eines Angestellten schaffte man Bertha die Treppe hinauf und setzte sie in den Ledersessel neben einem kleinen edelhölzernen Tisch. Die Szene schien sich zu wiederholen, nur der Ort war nicht derselbe. Wieder stapelten sich vor Bertha Papiere. Wieder redete man auf sie ein, sie solle diese Vollmacht doch um des Himmels Willen unterzeichnen, sie werde nicht ewig leben und würde ihnen damit alles erleichtern. Marie und Vera verstanden kein Wort. Und wie damals in Bad Ragaz fiel Bertha zusehends in sich zusammen, hielt ihre Hände krampfhaft in den Schoss gedrückt und schüttelte den Kopf. Tränen kullerten über ihre leichenblassen Wangen. Als Don Guerriero merkte, dass er ohne sein Ziel zu erreichen, die Kanzlei verlassen musste, weil er Bertha nicht dazu bewegen konnte, ihr Elternhaus zu verkaufen, biss er sich auf die Lippen, stopfte die Papiere in seine Ledermappe und drängte, aufzubrechen. Diesmal nützten Maries Ermahnungen nichts; er drückte aufs Gas, wie es ihm passte.

Nun ergriff die Krankheit von Bertha wieder voll Besitz. Was Marie und Vera in der kurzen Zeit erreicht hatten, war auf einen Schlag zunichte. Es gebe für sie jetzt nichts mehr zu tun, sie könnten nun wieder heim nach Zürich reisen, erklärte Don Guerriero. Marina bekräftigte dies nickend. Sorgen wegen Bertha brauchten sie sich jedenfalls keine zu machen, sagten sie. «Wir schauen gut zu ihr.»

Am Vortag ihrer Abreise stand unverhofft die Bäuerin vom Nachbarhof vor der Tür. Sie trug ein Blech frischer, selbst gemachter Nudeln und befahl Pepe, deren Mund weit offen stand, den beiden zum Abschied die Nudeln mit einem guten Sugo aufzutischen. So bekamen sie am letzten Abend ein Festessen kredenzt.

Ein halbes Jahr später erhielt Marie aus Pilonico Paterna, Provincia Perugia, die Nachricht: Bertha Looser, Witwe Perin Mantello, ist am 6. November 1966 mit Gottes Segen sanft und friedlich entschlafen.

Das Elternhaus in Bad Ragaz wurde öffentlich versteigert, weil die Hypothekenzinsen nicht mehr bezahlt worden waren. Eine von Berthas Schwestern, die das Haus mit ihrer Familie bewohnte, zahlte den bescheidenen Mietzins auf Berthas Sparbuch bei der dortigen Filiale der Bank ein. Im Laufe der zwanzig Jahre sammelte sich eine schöne Summe Geld an. Damit hätte man den Zins für die Hypotheken begleichen sollen. Doch bei der Erblassung stellte sich heraus, dass das Sparbuch bloss noch ein paar Franken auswies. Don Guerriero hatte die Summe, noch mit dem Segen seiner Tante, abgehoben.

Epilog

Bertha Looser war meine Grosstante.

Kindheitserinnerungen: Ihre alljährlichen Besuche in den 1950er-Jahren bei den Grosseltern im Nachbarhaus in Zürich waren stets ein Ereignis. Meist kam sie im Sommer, wenn, wie sie uns erzählte, Rom vor Hitze erstickte, und blieb jeweils mehrere Wochen. Besonders beeindruckte mich ihre Herzlichkeit. Sie sprühte vor Leben und drückte ihre Zuneigung stets hemmungslos aus. Zur Begrüssung drückte sie mir jedes Mal einen dicken Kuss auf die Stirn, während ihre sich weich anfühlenden Hände die meinen umfassten, und ihr Busen mich wie ein weiches Kissen herzte. Wie benommen sog ich den süssen Duft ihres Parfums ein, der aus dem Ausschnitt ihrer Bluse strömte.

Wenn sie Geschichten erzählte, breiteten sich unzählige Lachfalten in ihrem Gesicht aus. Gebannt hörte ich zu, wenn sie die Silvesternacht in Rom schilderte, wie die Leute Geschirr, Teller, Tassen, Schüsseln und Schalen, Gläser und Flaschen von Balkonen und aus Fenstern auf Strassen und Gassen warfen. Es war, als tauchte sie aus einer anderen Welt auf und fegte den Staubpelz aus der grosselterlichen Stube. Mit ihr schwappte ein bisschen weite Welt in unser kleines Heim. Mit ihr kamen unbekannte Gerichte, Gerüche, Gewürze und Gemüse ins Haus: Basilikum, Peperoni, Tortellini, Sugo, Amaretti.

Ihre Krankheit und ihr Tod im November 1966 blieben mir rätselhaft, hatten mich damals jedoch nicht weiter beschäftigt. Dass ihr Neffe Don Guerriero sieben Jahre danach an Herzversagen starb, hatte man Berthas Schwester Marie, meiner Grossmutter, per Anzeige mitgeteilt.

Jahre später interessierte ich mich für Frauenleben, vor allem auch für jene früherer Generationen. In den 1990er-Jahren begann ich, die Lebensgeschichte meiner Grosstante zu recherchieren. Wertvolle Details verdankte ich den ausführlichen Erzählungen meiner Mutter, meines Vater und seiner Schwester Elsa, Letztere hatten als Kind mehrmals ihre Tante in Rom besucht. Sie hatten Fotos aufbewahrt, die meine Vorstellung von meiner Grosstante Bertha vertieften. Zwei davon faszinierten mich besonders. Das eine Foto zeigt Bertha Looser als junge Frau, stolz, lächelnd, im schwarzen langen Kleid. Eine lange silberne Halskette umrankt die gestickte Brustpartie. Zierlich neckisch die sichtbare Fussspitze. Die gefältelten Ärmel reichen bis zum Handgelenk. Ihr Gesicht, das dem Zeitgeist gemäss hell gepudert scheint, wird umrahmt von den dunklen, aufgesteckten Haaren und dem voluminösen Hut mit der zu einem Bouquet geformten Schleife. Im Hintergrund illusioniert der Fotograf eine vornehme lauschige Lustecke.

Auf dem anderen Foto trägt Bertha Looser ein Deux-pièce à la 1910er-Mode. Sie blickt fast frivol mit einem spöttisch-stolzen Zug um den fein gezeichneten Mund. Neben ihr steht eine etwa gleichaltrige Frau, ebenfalls festlich gekleidet; vielleicht eine Freundin oder eine Verwandte ihrer italienischen Familie? Sie halten sich an der Balustrade fest, sichtlich bemüht, sich nicht zu verkrampfen.

Die weitere Spurensuche führte mich zunächst nach Rom, später nach Umbrien und nach Pilonico Paterna. Das Dorf in der sanften Hügellandschaft nordöstlich von Perugia schien schon damals ziemlich ausgestorben. Umso pompöser wirkte auf mich die Kirche und der fast quadratische Vorplatz samt einer Zypressenallee. Das mächtige Portal und der ausladende Treppenaufgang sahen aus, als hätte man sie aus einem städtischen Viertel in diese ländliche Einöde versetzt. Arkaden verbanden auf der Schmalseite das Schiff mit dem alten Turm, dem Überrest einer früheren Kirche.

Gegenüber der Kirche mit dem angebauten Pfarrhaus standen ein einfaches zweistöckiges Doppelwohnhaus, daneben eine Scheune mit Wellblechdach sowie, etwas abseits davon, ein weiteres kleines Haus. Auf dem nächstgelegenen Hügel entdeckte ich ein Landhaus mit einem Schuppen davor; in der Ferne da und dort Einzelgehöfte.

Die nähere Umgebung der Kirche wirkte ein bisschen vergammelt. Sogar das kleine Kruzifix an der Wand im Pfarrhaus, die durch die weit offenen Fenster fleckig schimmerte, hing schief. Der Olivenhain hinter der Sakristei schien dagegen gepflegt, obwohl sich an den Rändern die Ginsterbüsche vordrängten. Im Schatten der Zypressen rosteten Gusseisenbänke. Versteckt unter einem Gewucher von Brombeerstauden befand sich ein Ziehbrunnen, von dessen Flaschenzuggestänge ebenfalls der Rost bröselte.

Es war im Juni, und es war heiss. Über dem Tibertal lastete gewittrige Schwüle. Und über den noch nicht abgeernteten Feldern vibrierte die Luft. Der Horizont leuchtete von fernen Blitzen. Aus der Scheune trat eine Frau. Sie sah sich misstrauisch um, tat, was sonst Männer tun, schob eine mit Bauschutt randvolle Karre und kippte sie in die verkrautete Wiese. Ihr Alter war schwer zu schätzen; Kinderaugen blickten aus ihrem faltigen Gesicht. Die leere Schubkarre liess sie stehen und verschwand rasch wieder in der Scheune. Die Szenerie mutete leicht gespenstig an.

Aus dem Haus gegenüber den Arkaden trat eine ältere Frau in den Garten. Zunächst ignorierte sie mich, erst als ich sie über den Zaun ansprach, erwiderte sie den Gruss. Ob sie sich noch an Don Guerriero und seine Tante aus der Schweiz erinnerte? Natürlich, lächelte sie und strich das geblumte Kleid über ihre Hüfte glatt. Die Signora habe immer Schokolade mitgebracht. Als sie krank geworden sei, habe sie Don Guerriero aus der Schweiz hierher gebracht. Dort drüben, sie zeigte zum Landhaus auf dem Hügel, habe sie gewohnt, wo jetzt noch immer Marina Diarena wohne und von dort aus einen florierenden Handel mit Bett- und anderer Wäsche in halb Italien betreibe. Der gute Pfarrer sei viel zu früh gestorben, meinte sie und deutete mit der Hand auf die Tafel aus Travertin an der Kirchenmauer, wo eine goldene Inschrift Don Guerrieros Werk würdigt:

QUESTO SACRO TEMPIO DISTRUTTO DAGLI EVENTI BELLICI DEL GIUGNO 1944 FU RIEDIFICATO DAL GENIO CIVILE DI PERUGIA E CONSACRATO DALL' ARCIV. M. VIANELLO IL 3 MAGGIO 1953 PER INTERESSAMENTO DEL PARROCO PERIN MANTELLO DON GUERRIERO, MORTO 29 LUGLIO 1973, CHE CON IL CONCORSO DEL POPOLO VOLLE SOPRAELEVARE IL CAMPANILE E COSTRUIRE L' ATTIGUA CASA CANONICA. I FEDELI DI PILONICO P. E I PARROCI VICINIORI A RICORDO

(Dieser heilige Tempel, 1944 im Juni durch die Ereignisse des Krieges zerstört, wurde wieder aufgebaut durch zivile Truppen von Perugia und am 3. Mai 1953 durch den Erzpriester Monsignore Vianello geweiht im Auftrag des Pfarrers Perin Mantello Don Guerriero, verstorben am 29. Juli 1973, der mit Hilfe des Volkes den Kirchturm wieder aufbaute und das angrenzende Gotteshaus erbaute. Den Getreuen von Pilonico Paterna und der Nachbarpfarreien zum Gedenken)

Gedenktafel für Don Guerriero.

Von Erinnerungen eingeholt, wurde die Frau noch gesprächiger und schilderte Don Guerrieros Tod. An einem der heissesten Tage im Juli, mitten in der Messe, am Altar stehend, den Rücken der Gemeinde zugewandt, sei er wie vom Blitz getroffen zu Boden gesackt. Nichts und niemand konnte mehr helfen, sagte sie. Dann wies sie mir den Weg zum Friedhof, der ausserhalb des Dorfes an schönster Aussichtslage lag. Überall dunkle Büschel von Zypressen, die schwarze Muster auf den weichen Hügelteppich warfen, und lohendes Ginstergelb. Vögel pfiffen schrill. Eine Nebelkrähe rasselte. Plötzlich grollte in unmittelbarer Nähe ein Donner. Daraufhin brachen die Wolken. Aber der Regen prasselte nicht lange.

Das Gusseisentor in der hohen Friedhofsmauer, flankiert von Zypressen, stand offen. In der quadratischen, mit Blumen betupften Wiese ruhten links die Frauen, rechts die Männer. Gusseiserne Schilder markierten die Ordnung: *donne, uomini, bambini*. Wo ein Grab noch frisch war, krümelte sich die rotbraune umbrische Erde. Wer besserer Herkunft war, wurde in Grabkammern entlang der Friedhofsmauer zur letzten Ruhe gebettet, die von Familien auf Generationen hinaus vorrätig erworben wurden.

Grabtafel für Bertha Looser, verwitwete Perin Mantello.

Die Gebeine meiner Grosstante befanden sich im kleinsten dieser Grabhäuschen, in der obersten Etage neben einem Ehepaar und deren Tochter. Die gelben Schwertlilien, welche die Ruhestätte zierten, waren noch nicht ganz verwelkt. Sorgte Marina für frischen Blumenschmuck? Eigentlich hatte ich an dieser Stelle auch Don Guerrieros Grab erwartet. Auf der schlichten Travertintafel stand: «Bertha Looser, ved. Perin Mantello, nata 21.11.1889, morta 6.11.1966».

Das Medaillon in der ovalen Messingfassung zeigte Bertha als eher verhärmte Frau. Ihr Mund war zu einem schmerzhaft schmalen Strich geschrumpft. Welch ein Unterschied zu den Fotos aus ihren jüngeren Jahren!

Marina Diarena und ihre kleine Tochter Paula hatte ich in den 1960er-Jahren flüchtig kennengelernt, als Don Guerriero mit ihnen zu Besuch in Zürich war. Dreissig Jahre später musste sie mein Anruf, bei dem ich mich als Grossnichte der *zia* Bertha vorstellte, wie ein Blitz getroffen haben. Das Gespräch begann mit einem Augenblick der Sprachlosigkeit ihrerseits und endete, nachdem wir einige Erinnerungen ausgetauscht hatten, mit ihrer herzlichen Einladung zum Mittagessen.

Tags darauf erwartete mich Marina vor ihrem Anwesen. Ein hellgrünes Leinenkostüm spannte sich über ihre pralle Figur. Ihre Haare, etwas stumpf und strähnig, waren pechschwarz. Dunkel, fast schwarz waren auch ihre aufgeregt unruhigen Augen. Schweiss rann ihr von Stirn und Schläfe über die markanten Backenknochen. Die Mittagssonne brannte erbarmungslos. Das Haus war weiss verputzt. Die grosse Terrasse über der Stahl-Glas-Front im Erdgeschoss mit dem gedeckten Vorplatz beherbergte einen Wald von Topfpflanzen. Drinnen herrschte schummriges Licht. Die Jalousien waren heruntergelassen.

An die Begegnung erinnere ich mich bis in viele Details; ich erlebte sie seltsam schwankhaft. Die Luft zwischen uns knisterte, wir wechselten Blicke, vorwurfsvolle gegen misstrauische. Marina mimte die Betroffene, die Betrübte, die Mitleidende. Vierundzwanzig Stunden am Tag hätte die *zia* Bertha der Pflege bedurft. Bei ihrem Beruf jedoch, bedauerte sie, hätte sie häufig aus dem Haus gehen müssen. *La povera zia* hätte dann jedes Mal bitterlich geweint, erzählt sie. Denn sie, Marina, wäre ihr *angelocustode*, ihr Schutzengel, gewesen. Hier, in diesem Haus, hätte *la povera zia* immer wieder gesagt, würde sie sterben wollen.

Marina repetierte das Beiwort *la povera* wie einen gebetsmühlenartigen Refrain. Und, ja doch, gewiss, beteuerte sie temperamentvoll, jede Woche brächte sie frische Blumen zum Friedhof.

Wieso habt ihr die Ärmste, die das Licht und die Aussicht auf die Landschaft so sehr liebte, in einer Kammer im Keller untergebracht, fragte ich. Marina wischte sich Schweissperlen von der Stirn. Dort unten hätte sich *la povera* viel sicherer gefühlt als oben, wo die Treppen noch ohne Geländer gewesen seien, rechtfertigte sie sich. Dort unten, wollte Marina mich überzeugen, fühlte sich *la povera* am wohlsten. Und *zia* Bertha hätte ihr nicht noch mehr Arbeit aufbürden wollen, als sie ihr ohnehin schon abverlangt hätte.

Als Marina die letzten Monate, Wochen, Tage der *zia* schilderte, überstürzten sich ihre Worte. Zu Mittag hätte *la povera* noch einen letzten *brodo* zu sich genommen – um fünf Uhr des 6. November 1966 wäre es dann zu Ende gewesen. Bertha, beteuerte Marina, wäre ganz ruhig und friedlich von dieser Welt gegangen.

Dann präsentierte mir Marina voller Stolz ein Foto ihrer Tochter. Paula, schwärmte sie, wäre mit einem Arzt verlobt; die beiden würden

Friedhof in Pilonico Paterna.

später zu ihr ins Haus einziehen. Paula: über dreissig, eine Schönheit, mit langen schwarzen Haaren und Mandelaugen, so wie es Marina einst, noch viel jünger, selbst gewesen sein musste, als Don Guerriero ihr erlag.

Ob er denn krank gewesen wäre, fragte ich. Es würde geredet, er wäre in der Kirche tot umgefallen. Marina widersprach und wehrte sich heftig gegen das Gerücht. An diesem 29. Juli 1973, erzählte sie, hätten sie verreisen wollen – nach Lourdes – sie selbst hätte diese Wallfahrt organisiert – eigens für ihn. Die Koffer seien bereits gepackt gewesen, die Plätze im Zug reserviert, ebenso die Hotelzimmer in Lourdes – natürlich Einzelzimmer. Weiter sprudelten ihre Worte, als sie ihre Sicht der Ereignisse ausmalte. Don Guerriero wäre nicht in der Kirche während der Messe am Altar gestorben – mit nur 52 Jahren – dort hätte ihn bloss ein Schwächeanfall heimgesucht – zwei Männer hätten ihn dann zu ihr ins Haus getragen – noch lebend in ihr Bett gelegt.

«Ich massierte sein Herz.» Sie hätte seinen Atem gespürt, auch den letzten. «In meinen Armen ist er gestorben.»

Am Mittagstisch wurde es für einige Momente still. Marinas Geschichte hatte sich offenbar erschöpft. Mehr, vor allem über ihr Leben nach Don Guerrieros Tod, wollte sie nicht preisgeben. Viel mehr wollte ich auch gar nicht erfahren. Das Essen war üppig und hatte gut geschmeckt. Das Abschiedsritual fiel zwiespältig aus: sie aufgeregt und, wie mir schien, irgendwie auch erleichtert, ich ernsthaft distanziert. Gut möglich, vielleicht sogar wahrscheinlich, ich erinnere mich nicht genau, dass wir einander Glück wünschten.

Ob Marina noch immer mit Bettwäsche handelt? Ob sie ihre Enkelkinder verwöhnt, ihren Ruhestand geniesst? Ob sie, Jahrgang 1938, krank, bettlägerig, gar pflegebedürftig ist?

Auch ein Frauenleben. Ein Lebenstraum, erfüllt oder unerfüllt. Eine andere Geschichte.

Quellen

Stefano Borsi: Roma di Sisto V. La pianta di Antonio Tempesta, 1593, Officina Edizioni, Roma 1986

Federico Chabod: Die Entstehung des neuen Italien; Von der Diktatur zur Republik, Rowohlt, Hamburg 1965

Gianni Corbi: Luglio 1943, crolla il fascismo, La Republica, 18.6.1993

Florian Egger: Urkunden- und Akten-Sammlung der Gemeinde Ragaz, Ragaz 1872

Marianne Fischbacher: So ging man eben ins Hotel; Domleschger Hotelangestellte im Engadin der Zwischenkriegszeit. Beiheft Nr. 1 zum Bündner Monatsblatt, Verein für Bündner Kulturforschung, Chur 1991

Elisabeth Gerter: Die Sticker, Unionsverlag, Zürich 2003

Guide Rionali di Roma, Fratelli Palombi Editori, Roma 1978

Irene de Guttry: Guida di Roma moderna; Architettura dal 1870 ad oggi. De Luca Edizioni d'Arte, Roma 1989

Friederike Hausmann: Kleine Geschichte Italiens seit 1943. Verlag Klaus Wagenbach, Berlin 1989

Friederike Hausmann: Italien. Der ganz normale Sonderfall, in: Berlusconis Italien; Italien gegen Berlusconi. Klaus Wagenbach, (2. Auflage), Berlin 2002

Anton Henze: Rom und Latium, Philipp Reclam jun., Stuttgart 1962

Eric J. Hobsbawn: Das imperiale Zeitalter, 1878–1914, Frankfurt a. M. 2004

Valentin Jenny: Handwerk und Industrie in Graubünden im 19. Jahrhundert, Verlag Bündner Monatsblatt, Chur 1991

Peter Kamber: Schüsse auf die Befreier, Rotpunktverlag, Zürich 1993

Toni Kienlechner: 7mal Rom, Piper Verlag, München 1970

Kur- und Verkehrsverein: Bad Ragaz, Porträt eines Kurortes, Bad Ragaz 1989

Michael Meier: Mit Belzebub gegen den Teufel, *Tages-Anzeiger*, 24.3.1997

Oliver Meiler: Der lange Marsch auf Predappio, *Tages-Anzeiger*, 6.4.2002

Yvonne Pesenti: Beruf: Arbeiterin; Soziale Lage und gewerkschaftliche Organisation der erwerbstätigen Frauen in der Schweiz, 1890–1914, Chronos Verlag, Zürich 1988

Jens Renner: Politische Initiative von unten war nie vorgesehen, *WOZ*, Nr. 11, 17.3.2011

Rheinisches JournalistInnenbüro: Unsere Opfer zählen nicht; Die Dritte Welt im Zweiten Weltkrieg. Recherche International e.V. (Hrsg.), Berlin/Hamburg 2005

Rom in frühen Photographien 1846–1878, Schirmer/Mosel, München 1978

Roma Sbagliata. Le consequenze sul centro storico, Italia nostra, Bulzoni editore, Roma 1976

Arnold Saxer: Die Sticker. Treuhand-Genossenschaft St. Gallen, Buchdruckerei Tschudy, St. Gallen 1965

Ingeborg Schnack: Rilke in Ragaz, 1920–1926, Privatdruck, 1970 und 1981

Armando Schiavo: Villa Ludovisi e Palazzo Margherita, Roma AMOR für Banca Nazionale del Lavoro, 1981

Albert Tanner: Das Schiffchen fliegt, die Maschine rauscht; Weber, Sticker und Unternehmer in der Ostschweiz, Unionsverlag, Zürich 1985

Hanny Thalmann: Die Industrie im Sarganserland; Entstehung, Entwicklung und Auswirkung mit Berücksichtigung des Standortes, Sarganserländische Buchdruckerei AG, Mels 1943

Kurt Wanner: Der Himmel schon südlich, die Luft aber frisch. Schriftsteller, Maler, Musiker und ihre Zeit in Graubünden 1800–1950, Verlag Bündner Monatsblatt, Chur 1993

Ingeborg Weber-Kellermann: Frauenleben im 19. Jahrhundert. Empire und Romantik, Biedermeier, Gründerzeit, C.H. Beck'sche Verlagsbuchhandlung, München 1983

Hal Wyner: Heute gilt es als Schick, im Ghetto zu wohnen, *Die Weltwoche*, Nr. 27, 8.7.1993; Die Päpste haben sich immer wieder was einfallen lassen, *Die Weltwoche*, Nr. 28, 15.7.1993

Bildnachweis

Familienarchiv:
Foto Umschlag sowie Fotos Seite 15, 64, 66, 80, 146

Ursula Riederer:
Fotos Seite, 70, 72, 78, 94, 96, 98, 107, 123, 128, 131, 171, 172, 174; Aufnahmen von 1993

Dank

Allen, die mich für das Thema sensibilisiert und zur Erzählung ermuntert haben.

Esther Burkhardt, die den Schreibprozess einfühlsam und kritisch begleitete.

Elisabeth Lauener, die durch eine öffentliche Lesung aus einer frühen Entwurfsfassung erste Einblicke in die fortscheitende Arbeit am Text ermöglichte.

Karin Tschumper für die wertvollen Hinweise und Änderungsvorschläge.

Anita Hagmann und Brigitta Mayr für das engagierte Korrekturlesen.

Sowie meiner Mutter, Veronika Riederer-Zumbach, meinem Vater, Robert Riederer, und seiner 2008 verstorbenen Schwester Elsa Inhan-Riederer; ihre lebhaften Schilderungen haben mir geholfen, die damalige Zeit und das Leben meiner Grosstante zu verstehen.

Dank auch meinen Nächsten für ihre Anteilnahme, insbesondere meinem Lebensgefährten Andreas Bellasi für seine Geduld.